世界最高の人材たちと働きながら
学んだ自分らしく成功する思考法

米グーグル・首席UXデザイナー
キム・ウンジュ 著
藤田麗子 訳

CCCメディアハウス

PROLOGUE

悩みの多い30歳へ

人生の意味は、自分の才能を発見すること。
人生の目的は、その才能で誰かの人生がよりよくなるよう手助けすることだ。

パブロ・ピカソ

「井の中の蛙(かわず)になるな」という言葉をよく耳にする。だから私たちは、井戸の外の広い世界に憧れて、井戸から抜け出せない自分を責め、不安になる。私もそうだった。年齢を重ねながら、井戸の中の蛙になってはいけないというプレッシャーを常に感じていた。

27歳のとき、私は韓国で勤めていた会社を辞めてアメリカに発った。広い世界へ旅立つときがやってきたのだ――。27歳ともなれば、自分をアピールするための強みができる。どこの大学を卒業した、どこの会社に勤めていた、などなど。住んでいるエリアが自分を表現する道具になったりもする。しかし、私の人生は27歳でリセットされた。自分を飾っていたものは、アメリカでは何の役にも立たなかった。かといって、説得力のある自己アピールができるような英語力も持ち合わせていない。そんなふうにアメリカで迎えた30歳は、ボロボロになったプライドを握りしめて、意地だけで耐え抜く時期だった。

簡単な英語のフレーズすらまともに話せない状態で始まったアメリカ生活は、思っていたよりずっとつらく厳しくて、冷たかった。1日10時間以上を超緊張状態で過ごし、へとへとになって帰宅する日々の連続。疲れ果てた体を引きずって、韓国ドラマを見たり、韓国人の友人に会ってストレスを解消したりしながら、心の安定を図った。

時が経ち、いい会社に就職して仕事に慣れ、経済的な余裕も生まれたが、私の生活の半径は、韓国にいた頃よりもはるかに狭くなっていた。井の中の蛙になりたくなくて大海原へ乗り出したのに、私は広い海に浮かぶ小さな島の、以前より小さな井戸の中で生きていた。海になじんでバリバリ生きる〝海ガエル〟になれない自分が情けなかった。

そのうち、周囲の小さな井戸が見えてきた。私と同じような理由で大海原に出てきた人や、似たような苦悩を抱えて生きる人にも出会った。そして気づいた。井の中の蛙が悪いわけじゃない。問題なのは、井戸の中で不幸に生きる蛙だ。井戸であれ、海であれ、幸せに暮らせばいい。海ガエルになろうとしたり、海ガエルになったふりをしたりしないで、自分のままで幸せに暮らせばいい。そうすれば、自分がどこにいようとも、居場所のせいで不幸になることはない。


2018年、グーグルに入社した私はひどいインポスター症候群（自分の能力を認められず、無気力感や不安を抱く心理現象）に悩まされて、どん底まで落ちた。全世界の天才が集結した場所で、自分は取るに足らない人間なのだと毎日感じていた。「実力不足がバレてしまうのではないか」「そうなったら大恥をかいて追い出されるに違いない」という恐怖から、不眠症に悩まされた。1年間苦しんだ末に心理カウンセリングを受け、文章を書くことと英語の勉強を久しぶりに再開したことによって、自信喪失から回復できた。

2020年、グーグルで下期の人事評価が始まる頃、「私たちは誰もが特別で大切な存在であることを忘れないで」という言葉とともに、「井の中の蛙の話」をデザイングループ全体のメールアドレスに送信した。自分という人間の存在価値は、業務遂行能力や人事評価によって決まるわけではないということを伝えたい。もし私と同じように自分を責めて、ひどくつらい時間を過ごしている誰かがいるなら、何とかして力になりたいという思いからだった。

すると、驚くべきことが起こった。私が書いたメールはあっという間に社内のさまざまなグループに拡散され、多くの人々が「私も蛙だ」とカミングアウトを始めたではないか！　賢くて優秀に見えた彼らも、私と同じようにひそかに傷ついて、必死に自分と戦っていた。涙が出たという人もいたし、なぐさめられたという人もいた。そんなふうにそれぞれのストーリーを伝え、お互いを励まし合った。私がそっと心を開いたら、あちこちで他の人々も心の扉を開き始めたのだ。

自分のささやかな文章が誰かにとって癒しとなり、助けになるという経験は、私に大きな勇気をもたらした。こうして私は、講演やSNSを通して25年間の失敗談と成功談を語り、感情と思考を整理して文章にまとめるようになった。

本書には、10回の転職経験とグローバル企業で身につけた人生のノウハウ、講演の際に多く寄せられる質問などを収録した。

私たちは自分で思っている以上に準備が整っている

30歳になると、思い悩むことが増える。ミスをして落ち込み、この道を進み続けていいのだろうか？ 周りに後れを取っているのではないか？と、自分がダメ人間に思えてきて、みじめになる。未来は不確かで、世の中はどんどん生きづらくなり、自分だけがレベルアップできていない気がして怖くなる。私もそうだった。

もしあなたがお金もコネもなく、全身でぶつかって生きていくことに疲れているなら、今すぐ諦めて引き返したいと思っているなら、自分にやり遂げられるかどうか不安で眠れないなら、10年以上英語を勉強してきたにもかかわらず英語恐怖症でグローバルなチャンスに挑戦できずにいるなら、私の文章が少しは助けになるのではないかと思う。

アメリカに渡って10年以上経ってから初めて、会社の業務とは関係のない個人的な意見を英語で書いた。それが「井の中の蛙の話」だ。英語で自分の意見を書くまでに10年もかかったのは、何者でもない自分と向き合うのが怖かったからだ。その文章をインターネット上にアップするのに、さらに10年かかった。自分の意見を世の中に発信するのが怖かったせいだ。私はもっとうまくやれるはず、うまくやるべきだし、実際にうまくやりたいという気持ちが大きかった。そして、その文章をグーグルのデザイングループにメール送信するまでに、さらに6カ月の時間を要した。それもまた、恐怖のせいだった。世界最高の天才たちから見たら、初級英語で書かれた私の文章はさぞかしみっともないだろうな。そう思うと恥ずかしかった。そんなとき、迷っている私の背中を押してくれた人々がいた。英語の先生、カウンセリングの先生、そしてグーグルでともに働く友人たち。

私たちは、自分が思っている以上に準備ができていることが多い。いや、ひょっとしたら、「思っているような準備は不要な場合が多い」という言い方のほうが正しいかもしれない。本当に必要なのは完璧な準備ではなく、迷っている自分の背中を押してくれる友達と、アクションを起こす勇気だと考えることにした。

本書を出版するにあたり、原稿を何度も読み返して修正を入れているが、なかなか気に入るものにならない。もっと洗練されていて深みがあり、優雅な香りが漂う文章だったらいいのにという名残惜しさはあるが、未練を捨てようと思う。いつもそうであるように、過ぎ去ったことには悔いが残りがちだ。振り返るのはやめて、前に進むことにする。

私のあか抜けない文章を読んで、共感し、癒されたと言ってくれる方々がいる。実際の就職活動に役立ったといううれしい報告をしてくれる方々もいる。それだけでも十分に意味のあることができたと思う。

今日の自分が完璧であるはずがない。今日とさして変わらない昨日の自分も、取るに足らない存在だ。1週間前の自分もそうだし、1年前の自分もそうだ。しかし、そんな未熟な自分が1日を生き抜き、1週間を生き抜いて、1年を生き抜いた後、数年経ってから振り返ると、いつの間にかぐんと成長できている。

今日が昨日とたいして変わらないように見えるからといって、昨日にとどまっていてはいけない。明日を迎える準備ができていなくても、明日を諦めないでほしい。今日を生きよう。毎日が同じことの繰り返しのように思えて、一生懸命生きたって何も起こらないような気がしても、そんな1日が積み重なって1年になり、10年になって、自分を作る。時間は誰にでも同じように与えられて、誰にでも公平に流れる。ゆっくりでもいいから、今日を一生懸命に生き抜いてほしい。くじけそうになったり、期待外れの結果に終わったり、すべてを諦めてしまいたくなったりしても、自分を守れるのは自分だけだ。

30代を自分らしく生き抜けば、40代になったとき、より頼もしくなった本当の自分に出会える。ボールを手に握りしめたまま悩んでいても、何も起こらない。あちこちに投げてみよう。そのボールがどこかに当たって、きっと戻ってくる。自分が何を好きなのか、何が得意なのか、どこまでできるのか、わからなくて当然だ。それでもやってみてほしい。やりたいことをやって、やりたくないこともやって、本当に突拍子もないと思うこともやってみよう。そうすれば、自分がどんな人間なのかがわかる。自分の殻を破って、いろいろな服を着てみよう。そうすれば、自分に似合うスタイルがわかる。

迷っているみなさんがアクションを起こすために、私の文章がお役に立てばうれしい。30歳を生き抜くみなさんにとって、本書がよき友人になりますように。30歳を一生懸命に生きる、すべての方を応援します。

CONTENTS

PROLOGUE 悩みの多い30歳へ 003

CHAPTER 1

自分だけが後れている気がして不安なとき

■やることが多いのに、何もやる気が起きないとき 019
■つらいのは私だけじゃなかった 024
■どんなふうにやりたいことを見つけたのか 031
■とりあえず飛び込めば、何とかする力が身につく 037
■チャンスはいつも準備ができていないときに訪れる 041
■英語のスコアが低い私がアメリカの名門大学院に合格できた理由 049
■30歳、その気になれば成功できる年齢 056

CHAPTER

2

計画ばかり立てて実行できないなら

■ 短く悩んで、素早く行動 063
■ 失敗の恐怖に打ち勝つ7つの方法 066
■ 「失敗したくない」は、「挑戦したくない」と同じ 075
■ 1回の成功より、100回の失敗に価値がある理由 082
■ ビビるな！ 死にはしない 087
■ 揺るぎない強い自己肯定感を手に入れる「心の整理整頓術」 091
■ 毎日を機嫌よく過ごすには？
——心の筋肉を鍛える3つのトレーニング 098
■ 人間関係のストレスから自分を守る方法 107
■ ネガティブ思考から抜け出す7つの方法 113
■ まだ何をしたらいいのかわからないなら 118

CHAPTER

3

もっと上手くやりたいのに能力が足りないと感じるとき

■ すべての企業が求める最高の能力とは？ 125

■ ビッグデータよりも強力な直観の力を育てる方法 134

■ 妥協を迫られても納得できる仕事をするために 143

■ 330万通の履歴書の中で、自分を目立たせるには 152

■ グーグルで経験した5つのカルチャーショック 155

■ グーグルの天才たちの働き方 163

■ 優れたリーダーになるために大切なこと 167

■ 新たな才能の見つけ方 174

CHAPTER

4

後悔のない人生を目指す 30歳に伝えたい言葉

■ 自分らしくないことは無理にやらない 187
■ 毎日3つずつ、学んだ教訓を書く 192
■ 一等賞ではなく、完走を目標に 199
■ この時代に最も必要なもの 205
■ 数字より、まずは人を大切にする 208
■ 人の気持ちを決めつけてはいけない 213
■ 泣いたって何も変わらないだろうけど 218
■ 恐れず、思いのままに歩んでいこう 221

CHAPTER 5

英語を諦めた私を救ってくれた勉強法

■ 英語が下手でも気後れする必要はない 227
■ 英語恐怖症を克服させてくれた特別な勉強法 235
■ 誰にでも真似できる超簡単な英語学習の習慣 243

CHAPTER 6

5年後の自分はどうなっているのだろう？

■ 私の人生を変えてくれた1枚の表「Ｍｅファクトテーブル」 259
■ 仕事へのやる気を取り戻すキャリアアップの方法 266
■ 私がグーグルとアマゾンに同時に応募した理由 276

■ 企業が仕事のできる人より、いい人を求める理由 286
■ 面接官の心をつかむテクニック 295
■ キャリアにおいて最も重要なこと 304
■ 転職活動がまるで上手くいかないときに見直すべきこと 315
■ 自分ならではのストーリーを作る最も確実な方法 324
EPILOGUE 諦めずに歩き続ければ、いつかはたどり着く 332
■ 付録 悩める30歳からのよくある質問10選 335

CHAPTER

1

自分だけが後れている気がして不安なとき

ネガティブな思考から自分を守る方法

そうだ、1人じゃない。
苦しみもがいているのは自分だけじゃない。
つらいのは自分だけではないと知るだけでも大きななぐさめになる。

やることが多いのに、何もやる気が起きないとき

新しい職場に適応するのはいつだって難しい。人間関係を一から築き、組織とその現状を把握する。プロジェクトの内容を理解して、意味のある貢献ができるようになるまでには、かなりの努力と時間が必要だ。とはいえ、6カ月もあればだいたいのペースがつかめてくるものだが、グーグルに入社したときは半年経っても落ち着かなかった。

世界中の天才たちが集まっているかのように思えた。私が採用されたのはたまたま運がよかっただけで、ここで働けるほどの実力はないのだと感じることがよくあった。そのたびに自分の正体がバレそうで怖くなった。トイレに隠れたり、駐車場に停めた車の中にしばらく座っていたこともある。

それもそのはず、グーグルは夢を売る場所だ。社員はどんな問題を解決すべきか、なぜこれをやらなければならないのか、これが世の中をどんなふうに変えるのかといった、とても壮大かつ曖昧なビジョンについて話し合うことが多い。機能を1つ追加するときも、ありとあらゆる哲学的解釈と意味が必要だ。「人間と機械の対話の在り方」について、無数の解釈とアプローチから、それぞれが違った提案をする。夢売る同僚たちのショーを見るたびに、私はこの会社にそぐわない人間だという恥辱感と恐怖が押し寄せてきた。

私を苦しめる思考は2種類あった。こんな状況なのにベストを尽くせていないこと、そして、そんな自分が大嫌いだということ。

「このままじゃいけない」と思いつつ、心配するだけで何もせず、食べてストレスを解消し、やるべきことを先送りしてインターネットばかり見ていた。そんな自分のことがますます嫌いになった。締切ギリギリまで行動できず時間に追われながら仕事をするせいで、クオリティは下がる一方。それが原因でさらに思い悩んで……。悪循環の輪から抜け出すことはできなかった。

こんな状態が1年近く続いたある日、友人から専門家のカウンセリングを受けてみたらどうかと勧められた。藁にもすがりたい心境だった私は、その日のうちに予約を入れた。

カウンセリングに通い始めてからしばらくは、心の奥底にある本音を見せられず、必死でまだ最悪の状態ではないふりをしていた。そんな中でようやく、自分はそこまでどうしようもない人間ではなく、本当は今よりもっとがんばれるのだと打ち明けた。それなのに自己管理ができず、ベストを尽くせないことに嫌気が差して、自分を責めてしまう。どうすればまた全力投球できるだろうか、と。

うなずきながら私の話を聞いていたカウンセラーが言った。

「あなたの体は今、ベストを尽くしていますよ。すっかりくたびれているから、体の機能を維持するために糖分や高カロリーな食べ物が欲しくなるんです。生きるためにね。あなたの心も休める場所を探して、インターネットを求めている。気持ちがラクになって、癒されて、落ち着けるから。心も生きようとしています。つまり、あなたは今、ベストを尽くして生き残ろうと努力しているところなの。もっと自分自身に優しくしてあげてくださいね」

この言葉を聞いた瞬間、涙が流れた。

「無力感に陥っているだけだと思っていたけれど、私が自分を鞭打っている間、体は何とか耐え抜こうとがんばっていたんだ。私の心も、何とかして生きようとベストを尽くしていたのね。自分を顧みなかったこの1年間、体と心は生き抜くためにもがいていたんだな……」

私を縛りつけていた罪悪感と自虐の感情が薄れていく。これ以上、自分をほったらかしにしたり虐待したりするのはやめようと思った。

カウンセラーから宿題が出た。**まずは、その日にやるべき作業を毎日書き出すこと。そして、どんなに小さなことでもいいから、やり終えるたびに自分を褒めてあげること。次に、思い浮かんだことをノートに書いて、頭の外に出してしまうこと。**

その日から、どんなに小さなこともれなく「ｔｏ ｄｏリスト」に書くようになった。やるべきことから目をそらしているという不安感が、リストを作るだけでだいぶ解消された気がした。ミーティングのアポ取り、メール送付などの単純作業を処理していく。リストに書いたことを2つこなすと、新たなタスクが3つほど増えるのが常だったが、それでも進捗状況が見えるので漠然としたストレスは減った。

小さな仕事を片づけながら、不安とストレスの根本的な原因についてじっくり考えてみた。私が今、感じているカルチャーショックと仕事のストレスはシリコンバレーの特性によるものなのか、グーグルが私に合っていないのか、あるいは所属しているチームの問題なのか、などなど。すると問題点がはっきりしてきて、チームを異動すべきだという考えに至った。幸いなことに、すぐ別のチームに移ることができたが、夢を売るグーグルのカルチャーに適応するにはいずれにせよ英語の勉強が必要だ。そこで英語の本を毎日1時間ずつ朗読することにした。6カ月ほど経つと、英語の実力が向上するとともに、自信も回復していった。

いまや私もそれなりの熟練グーグラーになった。周囲から信頼を得て、影響力を及ぼすインフルエンサーとしてのポジションも確立しつつある。私と働きたいと言ってくれる仲間ができ、後輩から進路相談を頼まれることも増えた。2020年末には600名を超える部署のデザインチームで〝今年のデザイナー賞〟に選ばれた。

この25年間、何度も浮き沈みを経験したが、グーグルでの試練の時期は、暗く、長くて、恐ろしかった。甲殻類が成長するためには、古い殻を脱ぎ捨てて、やわらかな素肌をさらして過ごす時間が欠かせないという。その過程がなければ、殻を大きくすることができない。成長には必ず痛みが伴うものらしい。私も大きくなった殻のぶんだけ、さらに中身を充実させようと努力しているところだ。

つらいのは私だけじゃなかった

井の中の蛙になるまいとして選んだアメリカ留学の道だった。ところが、時が経てば経つほど、私の生活範囲はますます小さな井戸の中のように狭まっていった。韓国人が集まる教会、韓国ドラマ、韓国料理、韓国人の友達……。だったら何のためにわざわざ外国の地で苦労しているんだろう、という恥ずかしさと挫折感が私を苦しめた。

植物だって植え替えをすれば弱るのに、社会的動物である人間が拠点を移したんだから大変に決まってる。よし、もう荷物をまとめよう！　こんなふうに自分をなだめすかして、また気合いを入れるという日々を10年ほど過ごした頃、ふと思い立って、次のような文章を書いた。

～井の中の蛙の話～

〝井の中の蛙〟という言葉を聞いたことはありますか？　孤立した小さな世界で生き、それがこの世のすべてだと思っている人をたとえる表現です。

韓国で生まれ育った私は、よくこんなことを言われました。

「井の中の蛙になるな。大きな夢を抱いて、できることすべてに挑戦しなさい」

こうした言葉にいつも刺激を受けていました。そこで、アメリカに来ようと決心したのです。井の中の蛙になりたくありませんでした。広い海を探検したかったのです。

ところが海は本当に広く、厳しくて、激しく波打っていました。大海原に出てからというもの、私の人生は瞬間瞬間が生存のための戦いでした。深い海で泳ぐ方法を学び、エサの探し方やウミガメとの会話術、魚たちと親しくなるテクニックも身につけなければなりませんでした。厳しい状況になればなるほど、私はクジラになろうと必死でがんばりました。

そんなふうに数年間もがいているうちに、ひと休みできる小さな島を発見しました。私には休息が必要だったのです。島での暮らしは平和でした。澄んだ水を飲み、蛙の友達と楽しくおしゃべりをしました。海に出ればまた生き残るためにあがくことになりますが、それでも海を離れて休める場所ができました。

しかし、時が流れるにつれて寂しくなり、閉じ込められているような気がしてきたのです。私が夢見ていた海での暮らしとはかけ離れています。それなのに、私の故郷である井戸の中の友達は、私のことをすごい蛙だと思っていました。海で泳ぎ、ウミガメと話す私を見て驚き、うらやましがりました。私が暮らしている島はとても遠くて小さいせいで、彼らには見えなかったからです。

自分が誰なのか、なぜここにいるのかわかりません。井の中の蛙になりたくなくて故郷を離れたのに、海に囲まれた、故郷より小さな島で生きています。幸せを感じることはできず、自分に腹が立ちました。長い時間が流れたのに、何も変わっていない気がしました。

数年後、他にもたくさんの島があるという事実を知って驚きました。近くの島を訪れて友達を作るようになり、自分は1人ではないのだと感じました。そしてふと、最も重要な事実を、すべての核心となる事実を忘れていたことに気づきました。

それは、私が蛙だという事実です。数年間、私は自分が井戸の中にいるのか、海にいるのか、島にいるのかということばかりを気にしていました。そして、蛙とは違う〝海ガエル〟のような、新しい何かになろうと必死でした。

でも、そんなものはこの世に存在しません。

蛙に生まれたから蛙として生きる、というのは間違ったことではないのです。それに気づいてから何もかもが変わりました。自分を責めることはなくなり、自分がどんなに賢く勇敢で美しい蛙であるかを知りました。好きなときに海で泳ぎ、泳ぎたい気分でないときは船に乗りました。助けが必要になったら、海の友達に話しかけました。彼らの言葉を完璧に理解できなくても大丈夫でした。

海で生きるというのは、相変わらず大きな冒険です。海には、私のような小さな蛙をバカにする生き物もいます。でも、もう気にしません。彼らもそれぞれの井戸からやってきたのだということに気づきました。

私が暮らす島はどんどん頑丈になり、広くなり、高くなっています。自分がどこから来たのか、どこに属しているかを知るのは確かに大切なことです。でも、いちばん大切なのは、私は誰なのか、どんなふうに生まれたのか、そして、どんなふうに生きていくのかを知り、それを受け入れることです。

私の名前はキム・ウンジュです。幸せなカエルです！

グーグルの業績評価システムは、過酷なことで有名だ。まずは自分の評価書を華々しく書き上げ、同僚の中から6〜7人の評価者を（戦略的に）選ぶ。昇進対象者であれば（グーグルは昇進もセルフサービスだ。自分でタイミングを決めて、昇進ケースと戦略を立てる）、その妥当性を証明するために、途方もない労力と時間が必要となる。

その後の手続きはいっそう果てしない。マネージャーが集まって「キャリブレーション」と呼ばれる調整会議が行われる。社員のA氏はなぜこの評価になるのか、B

氏はなぜ評価が低いのか、結果について評価者同士で議論し、評価基準をすり合わせる。2カ月以上続くこの過程は誰にとってもストレスだが、言語的にも文化的にも不慣れな環境で暮らす外国人にとってはまさに苦行でしかない。内気な性格の人や、成果を数値化しにくい職種の人々にとっても難易度の高いシステムだ。感受性の高いデザイナーはひるんでしまい、自尊感情が傷つけられる。

2020年の評価プロセスが始まるというメールを受け取ったとき、2019年に初めて業績評価を体験して精神的ダメージを負ったことを思い出した。そこで、私たちは産業用ロボットではなく人間だということ、**評価書に書きされない一人ひとりの価値を忘れずにいよう**ということ、**仕事の評価が〝私〟の価値を決めるわけではない**というメッセージを添えて、「井の中の蛙の話」というタイトルのメールをグーグルのデザイングループに送信した。すると、予想だにしなかった蛙のカミングアウトが殺到した。メールは多くのグループに共有され、共感したという内容の多数のメールが行きかった。自分のエピソードを私に送ってきた人もいたし、個人面談を希望する人もいた。過去の孤軍奮闘を明かし、蛙でいるだけでいいというメッセージを伝えただけなのに、たくさんの蛙カミングアウトを目にすることになるなんて！

そうだ、１人じゃない。苦しみもがいているのは自分だけじゃない。つらいのは自分だけではないのだと知るだけでも大きななぐさめになる。みんな一緒にがんばろう！

どんなふうに
やりたいことを見つけたのか

「私はどんなふうに生きていきたいのか？　何をしながら暮らしたいのか？」という自問自答は、不確かな世の中で自分を支えてくれる根っこになる。
そんなありふれたことじゃなくて、もっと斬新なアドバイスが聞きたいと思った人もいるかもしれない。しかし、私は何百回でも伝え続けたい。「あなたがやりたいことを見つけてください」と。

ところが「夢は何ですか？」と聞かれると、「医者になりたい」「ユーチューバーになりたい」「グーグルに入社したい」といった答え方をする人が多い。こういう夢は根っこが揺らぎやすい。まず、その夢を叶えた後の展望がない。そのため、せっかく目指していた職業に就くことができても、たちまち「この先どうしよう?」という虚しさに襲われる。もっと深刻なのは、その夢を叶えられなかったときに挫折したと感じてしまうことだ。**夢とは、特定の職業や企業で働くことだけではなく、「どんな価値を築きたいか」に対する答えのことを言う。**

私は末っ子だ。上に、兄が2人いる。両親は私を〝トンケ〟〔雑種犬、ノラ犬の意。名前を野暮ったいものにすれば長生きするという理由で昔の人は愛称などに使っていた〕と呼んだ。末娘を可愛がってのことだったが、幼い私はそれがとても嫌だった。両親は兄たちへの期待が大きく、私には多くを望まなかった。ある日、その理由は私が女の子だからだと知った。テストの点数が両親の期待以下だったときは「こんなもんだろうと思ってたよ。もともと女の子はダメだから」と言われた。叱られなかったことにホッとするのではなく、プライドが傷つき、劣等感が芽生えた。親に褒められたい一心で必死に勉強して、いい成績を取っても「調子に乗っちゃいけないよ。おまえが優秀だったわけじゃなくて、神様が助けてくださったんだから」とたしなめられた。結局、テストの点数が悪い理由は私が女の子だからで、いい点を取れたのは神様の恩恵だった。幼心に、自分の存在意義に疑問を抱いた。

ところが、中学1年生の中間試験のとき、美術で100点を取った。実技のみの評価だが、美術の先生は私を褒めてくれた。生まれて初めて褒められたことに戸惑い、不思議な気分になった。

「私にもうまくやれることがあるんだな」

そのとき、心の中にぼんやりと「美術をやりたい」という気持ちが芽生えた。当時、教会で行事があるたびにいろいろなディスプレイやパンフレットを作る高校生の先輩がいた。パパッと素敵なフォントを作り、てきぱきポスターを描いた。先輩の手にかかれば、教会の質素な壁が魔法のように華やかになり、サマースクールやクリスマスらしいムードに包まれた。私は先輩のアシスタントに立候補して、進んで雑用を引き受けた。そして、夢ができた。

「世の中を美しくする仕事をしたい！」

高校入学後、美大に行きたいという気持ちが大きく膨らんだ。でも、両親に反対されるに決まっている。女はおとなしく嫁に行けとか、絵描きなんてダメだと言われるだろうし、美術予備校に通わせてもらえるようなお金がないのは明らかだ。特にお金に関する問題は自力で解決できそうになかった。そんな中、美術の先生が学校の美術室で、受講料の安い美大受験対策講座を実施すると発表した。私は今だ、と思った。

このチャンスを逃したら、次はない。

おそるおそる両親に話を切り出すと、予想どおりの理由で反対された。このときばかりは私も引かなかった。私には1カ月に10万ウォン〔日本円にして1万円ほど〕すら投資してくれないのかと抗議し、うちはそこまで貧しいのかと詰め寄った。実際、我が家はそれほど貧しいわけではなかった。娘にかける教育費の優先順位が低かっただけだ。数日にわたってハンガーストライキをしながら涙で訴える私に、母がこんな提案をした。

「私にはよくわからないから、男の人2人から許可をもらってきなさい」

男性2人のうちの1人は、名門医大に通う上の兄で、もう1人は担任の先生だった。私の重大な決定にどうして2人の男性の許可が必要なのか理解できなかったが、せっかく譲歩してくれた母に盾突くのは賢い選択ではない。

「ウンジュがやりたいことをやらせてあげて」

上の兄はすぐ賛成してくれた。担任の先生は美術をやるにしても総合成績が悪くてはいけないと言い、中間テストで上位圏に入れば許可するという条件を出した。私はここぞとばかりに先生に提示された条件をクリアした。母はもう反対しなかった。

こんなふうに家族を巻き込んで始めたことだったので、つらくてもつらいとは言い出せなかった。弱音など吐こうものなら、ほら見たことか、やめてしまえと言われるに決まっていた。それに「こうなると思ったよ。やっぱり女の子はダメだから」とは言われたくない。私にはできる、私は間違っていないということを証明したかった。

この思いをベースに、私は25年間キャリアを守ってきた。だから、逆境や山が現れたときは「乗り越えなきゃ」とは思うが、「この山じゃなかったみたい」と引き返すことはない。こんなふうに文章を書くこともまた、私が夢見る〝世の中を美しくすること〟の1つだ。いつかデザイナーを引退したとしても、私は世界を美しくする仕事をして命を終えるだろう。

40歳を過ぎて「これからどうしよう」と悩む人が多い。30代までは他の人についていくだけでも、それなりに道が見える。研究者であれば、修士、博士、ポスドク〔ポストドクター。博士研究員。博士号取得後に研究機関や大学院で働く研究者〕とそれほど悩むことなく進んでいく。就職した人も、40代に入る前の社会人10~15年目までは比較的順調に時が流れる。

問題はその先だ。年齢や経験を重ねたからといって、誰もが企業のCEOになるわけではない。いつかはそれぞれの道を探さなければならないときがやってくる。そのとき、自分はどんな人間なのか、どんなふうに生きたいのか、何をしたいのかがしっかりわかっていなければ、メンタルの危機が訪れる。ああしろこうしろと言っていた親ももう「博士号を取りなさい」「大企業に就職しなさい」と指図してくれることはない。ぽつんとひとりで残されるのである。

そうなってから奈落に落ちないためには、自分が何をして生きていきたいのかを今日から考えないといけない。あなたの人生の運転手はあなただ。不幸なことに（あるいは、幸いなことに）あなたを一生、タダ乗りさせてくれる黄金の馬車は存在しない。

とりあえず飛び込めば、何とかする力が身につく

厳しく孤独な浪人時代を経て、梨花（イファ）女子大学の美術学部生活美術学科（視覚デザイン）に合格した。専攻が分かれる3年生のとき、学科名が〝情報デザイン学科〟に変わり、本格的なコンピュータグラフィックス（CG）の授業が開講した。当時はグラフィックデザインが可能なアップルのマッキントッシュが一学期分の授業料より高かったので、ほとんどの学生が大学のコンピュータルームのパソコンを交代で使っていた。

いまだに謎だが、私はそれほど苦労せずに自分のパソコンを手に入れることができたようだ。お金にうるさい父の記憶によれば、私が「出世したら数倍にして返す」と

豪語したという。父のギャンブル心をくすぐったのだろうか？（後から知ったが、銀行で借り入れをしたそうだ。それもそのはず、当時は一学期の授業料が２５０万ウォンぐらいだったと記憶しているが、私が買ったマッキントッシュ クアドラはモニターを含めて４００万ウォンぐらいだったから）

こうして3年生の春に自分のマックを手に入れた私は、取り憑かれたようにさまざまなＣＧのツールを勉強した。当時のマックは非常に専門的で高価だったので、ユーザーも少なく、学べる場所も多くなかった。私は翻訳書やマニュアルを読み、あちこちをクリックして試しながら使い方を覚えた。

やがて独学に限界を感じ、マックユーザーの会に加入した。会社員や大学生など、専攻にかかわらずマッキントッシュという共通の関心事を持つメンバーが毎週集まり、情報交換をしながらテーマ別にスタディをするサークルだ。私は「ＣＧグループ」のリーダーを引き受けて、毎週スタディを進行した。１週間勉強して新たに知った（他の人はまだ知らない）機能を説明するときは得意な気持ちになった。

１９９4年5月、この会に「一般人と学生を対象としたＣＧの講義で、講師をやらないか」というオファーが入ってきた。私はすぐさま「やります！」と言ってしまった。そして弘益（ホンイク）大学の夏休み特別講座で、ＣＧソフト４種（フォトショップ、イラストレーター、エクスプレス、ペインター）を教える講師になった。

契約書にサインをして帰宅したその夜、我に返った。私の実力は、お金をもらって現役の実務者を教えられるようなレベルじゃない。独学で身につけたテクニックとマックユーザーの会で積み重ねたノウハウだけで、どうやって毎日の授業をすればいいんだろう……。やみくもに飛び込んでしまった。大学３年生の夏休みは、２カ月の間しょっちゅう悪夢にうなされて汗びっしょりになった。何もわからないまま授業を始めて恥をかくとか、授業料の返金を要求されるとか、急に全員が欠席して講義室でひとりぼっちになるなど、悪夢のストーリーはバリエーション豊かだった。私は毎晩徹夜する勢いで勉強をして、翌日の授業を行うという毎日を繰り返した。「私がどうかしてた」とぼやきながら苦労の日々を過ごした。そんなふうに２カ月が経つと、過酷な現地トレーニングを受けたプロ選手のように実力が伸びていた。やはり、教える立場になると、人は誰よりも熱心に勉強をして、最も多くを学ぶものだ。

いつもハラハラしながら授業に臨んでいたが、受講者の評価は意外と高かった。そして、その年の冬休みも２カ月間、講師を担当した。二度目はずっと楽になった。

私たちが忘れてしまいがちな事実がある。

「時は流れる」

この簡潔な不変の事実が心の支えとなり、刺激となり、解決策となることが多い。何をしても、何もしなくても、時間は誰にでも公平に流れる。私の経験上、まず飛び込んでみると、何とかしようともがいているうちに時が流れて、どんな結果であろうが、いつの間にか終わっている。最初が大変なだけで、そのステップを乗り越えれば、ぐんと成長した自分に出会える。

飛び込もう。とりあえず飛び込めば何とかする力が生まれる。

信じられない？　本当です！

チャンスはいつも準備ができていないときに訪れる

1995年、大学4年生の夏休みと冬休みに、私はサムスンSDS（サムスンのグループ会社で、韓国最大手のIT企業）でインターンのデザイナーとして働いた。当時はケーブルテレビのVOD（ビデオオンデマンド）テスト事業の準備が進行中で、私が担当したのはテレビ番組のメニュー画面をデザインする仕事だった。今で言うネットフリックスのようなサービスを構想したもので、かなり時代を先取りしていたと思う。また、ダウムコミュニケーション（現・株式会社カカオ）の前身だった小さなITベンチャー会社でソテジワアイドゥル（韓国で1992〜1996年に活動し、絶大な人気を誇った男性ヒップホップグループ）のホームページを作るアルバイトもした。

そんなふうに私は、ウェブデザインとインタラクション（相互作用）デザインの魅力にどっぷり浸かっていった。誰に指示されたわけでもないのに、しょっちゅう夜を明かして何かを作っていた。思い通りのグラフィック効果を作り出せたときや、難しいコーディング〔マークアップ言語やプログラミング言語を使って、コンピュータに命令を与えるためのソースコードを書くこと〕のトラブルを解決できたときの快感は言葉では言い表せないほど刺激的だった。

ウェブデザインは仕上がりをチェックするためにどこかに出向く必要がないし、高い費用もかからないところがよかった。印刷物のデザインを修正するときはそれまでの制作物を捨てて、再び作り直す必要があるが、ウェブデザインなら簡単に修正できる。そして、コーディングによって、実際に動作するものを1人で作り出せる点もおもしろかった。

何と言っても、パソコンスキルに自信があった。まだメインストリームではない分野だったから、先輩が少なくて不安もあったが、そのぶん楽しくもあった。好き勝手にやっても何も言われないのだから。私の向こう見ずな挑戦はここから始まった。

しかし、問題は就職先だ。ウェブデザイナーを募集している企業は多くなかった。当時、視覚デザイン専攻の卒業生の進路と言えば、大企業のデザイン室や広告会社、あるいは印刷物（書籍、パッケージ、ロゴ、イラストなど）をメインとして制作するデザインエージェンシーが一般的だった。

黒歴史を告白しよう。卒業を控えた大学4年生の12月、インターン先の部署の内部推薦をもらっていたにもかかわらず、サムスンSDSの採用試験にあっさり落ちた。私が採用される確率はかなり高かった。内部プロジェクトの経験と部長の推薦があり、サムスングループが開始した大々的な女性社員の採用拡大という取り組みにもうってつけの人材だったからだ。

不採用の要因は2つ。1つ目、英語のスコアが足りなかった。2つ目、面接で大失敗した。まだ記憶が生々しい。面接官4人と応募者4人のグループ面接だった。面接官がある本の内容に関する質問をした。ところが、最初の応募者が質問の意味を取り違えて、「自分が感銘を受けた本」について答えた（今考えてみると、あらかじめ準備していた回答だったのではないかと思う）。私の順番は4番目だったので、最初の人が答えるのを聞いて「あの人、やっちゃったな」と思った。ところがどういうわけか、2番目の応募者も同じように感銘を受けた本について語り出すではないか。

「あれ？　どうしたのかな？」

そして、3番目の応募者がダメ押しとなった。

「私が最も感銘を受けた本は……」

ここまで来ると、私は自分だけが質問の内容を勘違いしたのではないかと不安になってきた。ついに順番がやってきて、私は自信のない声で答えた。

「私が最も感銘を受けた本は……」

不合格が決定した瞬間だった。自分を信じられず、他人の真似をすると、人生につまずいてしまうということを厳しく思い知らされた経験だ。

こうしてサムスンSDSの正社員になる道は閉ざされたが、友人たちはどんどん就職先が決まっていく。不安だった。私の選択はこれで正しいのだろうか？　私が進もうとする道は存在するのか？　まだ準備ができていないのに迫り来る大学卒業に恐怖を感じた。

そんななか、デジタル朝鮮日報社〔朝鮮日報がデジタルメディア事業のために作った子会社〕の初めての新卒採用情報が公開された。決して逃すことのできない、黄金のようなチャンスだった。どうすれば自分をうまくアピールできるかを検討し、ポートフォリオを印刷物ではなく、CDで提出することにした。まるでゲームソフトみたいに、メニューを選択すると各プロジェクトが表示され、機能別に追加ページが出てくるように完璧に動作するCDを作った。やがて最終面接に呼ばれ、電話で面接の連絡をくれたチーム長から自分で作ったのかとCDについてさまざまな質問をされた。合格を予感した。こうして、私の職場生活がスタートした。

1996年、デジタル朝鮮日報・初代新卒採用のウェブデザイナー。それが私の初めての肩書きだ。当時、ITセクションを担当していた先輩からウェブコーディングの技術を習った。私は新しい技術をあっという間に身につけた。

そんなある日、CJ〔韓国の企業グループ。製糖・製粉を主軸とする食品メーカーを前身として成長し、エンタテインメント事業から物流まで系列会社で幅広い事業を行っている。日本ではCJ FOODSのbibigoや美酢、ダシダといった製品が親しまれている〕のデザイン室に勤める大学の先輩から連絡をもらった。第一製糖〔現・CJ第一製糖。日本ではCJ FOODS JAPAN〕のウェブサイトのリニューアルとオンラインショッピングモールの制作を計画しているが、ウェブデザインの経験を持つ人材がいないということだった。突然ヘッドハンティングを受けた私は、20カ月勤めた最初の会社を辞めて、CJに転職した。

その頃から、自分のキャリアについて悩むようになった。たった2年の実務経験で大きなプロジェクトを任されてやる気満々だったが、どんなものがいいデザインなのか、確信が持てない。売り上げが数字となって表れる商品とは違い、デザインの良し悪しを判断する基準がわからない。しかも、当時の公式ホームページは、企業の経営に致命的な影響を及ぼすものでもなかった。私たちはただデザイナー同士で集まって、どうすればもっと美しいものになるかを話し合い、それに合わせてリニューアルが完了すると自分たちで祝い、満足するだけだった。

いいデザインとは何なのか……。経験が必要だった。

1998年春、海外留学を準備していた恋人がアメリカの大学院に合格した。結婚して一緒に来てほしいと望む彼に、私は別れを告げた。視野を広げるために勉強したいと渇望していたものの、新しいプロジェクトに飛び込んで徹夜を重ねながら暮らす私にとって、それは今すぐ実現できる夢ではない。それで、別れを告げた。結婚を急ぐ年齢でもなかったし、いきなり会社を辞めて準備もままならない状態で留学するわけにはいかなかった。

しかし、4年半の恋愛は、思っていた以上に深く私の人生に入り込んでいた。どこへ行っても、何をしていても彼がいた。私たちは別れから1カ月後に電撃復縁した。そして、結婚することを6月にお互いの家族に報告して驚かせ、翌7月に結婚した。夫は8月からの秋学期に合わせてすぐに出国する予定だったが、私は直ちに退職できる状況ではなかった。そのため新婚旅行後、夫はアメリカへ発ち、私は韓国の実家に戻って、離ればなれの新婚生活をスタートした。町内には不穏な噂が広まっていたらしい。

「あそこの娘さん、先々週、結婚したばかりなのにうまくいってないみたいよ。1人で実家に帰ってきて。いったいどうしたのかしら……」

町内では私が韓国ドラマの悲劇のヒロインになっていたという話を聞いて、大笑いした。

私は進行中だったオンラインショッピングモールのプロジェクトを完了し、その年の11月、シカゴ行きの飛行機に乗った。今思えば、どこからあんな馬鹿力が湧いてきたのかわからない。母は慣れない外国で必要なものが手に入らなかったらいけないからと、あらゆる所帯道具を持たせてくれた。自分で持っていくと決めた荷物も多かった。大金をはたいて買ったマッキントッシュを置いていくわけにはいかない。モニターは諦めるにしても、本体がなければ留学準備ができない。そして、さまざまなデザインの資料や本、自分の作品をパッキングした。戦うために必要な私の武器だ。制限重量を超過したスーツケース4個、バックパックとデスクトップパソコンが入った機内用バッグ、さらに当日の朝に漬けたばかりのキムチを包んだ風呂敷を持って金浦(キンポ)

空港を発った。

韓国を離れるという感傷的な気分や両親と離ればなれになる寂しさ、新しい未来へのときめきを味わう心の余裕はなかった。アメリカの入国審査をパスできるだろうかと心配だった。緊張しきった状態で入国審査を終え、荷物を受け取って、空港まで迎えに来た夫の顔を見た瞬間、全身の力が抜けてへたり込んでしまった。

27歳。いよいよ新しい生活の始まりだ。完全に独立した、大人の人生の第一歩だった。

英語のスコアが低い私がアメリカの名門大学院に合格できた理由

私の祖父は、ケチで有名だった。大変な時代に11人も子どもをもうけたから、ケチでなければ育てられなかったんだろうなと気づいたのは、大人になってからのことだ。

小学生の頃、休みの期間中に祖父の家へ遊びに行くと、メシ代ぐらいは働けと果樹園や牛小屋であれこれお手伝いをさせられた。父も同じだ。人は金を稼ぐべきだといつも強調した。父は自分が養っている家族に対して、とても権威的だった。それがお金の力なのだと言った。

幼い私はそのことにとても傷ついた。「大人が、それも親なのに、どうして我が子に恩着せがましくお金の話をするんだろう？　親だったら、基本的にするべきことはしてくれてもいいんじゃない？」。父はお小遣いをくれるときも「俺の金だ」と100回ぐらい言った。だから、私は自分でお金を稼がなければならないという気持ちを強く持つようになった。他人からもらうお金はすべて汚らしいお金だと思った。

アメリカでお金を稼ぐには、1日も早く大学院を卒業して、現地の企業に就職しなければならなかった。大学院に行くのは優雅に経験を積むためのオプションではなく、アメリカで食べていくためにはどうしても必要なことだった。

これは生きる姿勢として、とても重要なポイントだ。金儲けがオプションではなく必須になれば、仕事に対する心構えが変わる。自分（あるいは家族）の生計を立てるという責任の重みを感じたら、何としてでも方法を探すしかない。自己実現のためだけに仕事をしているならともかく、生きるためには食べなければならない。食べるために働くのは、とても尊いことだと思う。自分の人生に責任を持つ、それが大人だ。

私はアメリカで何とか生きていく方法を見つけなければならなかった。見慣れない光景ばかりだった。初めて出会ったアメリカ人も、初めて見たコインも。自分の背丈が何インチなのかもわからない。夫が大学院に行くと、アパートにひとり残された。最初の数カ月は外出もできず、ずっと家にいた。外で誰かに出会うと、話しかけられてしまうから。アメリカ中部特有のイントネーションで繰り広げられる、バリエーション豊かな「How are you?」の数々。「How's it going?」「How's everything?」「Whassup?」「Howdy!」が「How are you?」と同じ意味だと気づくのに1カ月、「I'm fine.」と返事ができるようになるまでにさらに1カ月かかった。

夫が研究助教として働いて稼ぐ月給でアパートの家賃を払い、裕福とは言えないまでも最低限の生活は維持できた。とはいえ、高い授業料を払って語学学校に通えるような境遇ではなかった。調べてみると、シカゴ市が運営するコミュニティカレッジ（2年制の専門大学、あるいは生涯教育院の役割を持つ市立教育機関）に無料の英語講座があるではないか。毎日4時間の授業がとてもありがたかった。これがアメリカでの最初の社会生活だった。

私はこのコミュニティカレッジに1年ほど通った。南米から移民してきた受講生が多く、韓国人はいなかったから、クラスメイトと会話をするには必ず英語を使わなければならなかった。

私の英語力はひどいものだった。会話にはいつも苦労していたが、特に恐ろしかったのは月曜日の授業。短いフリートーキングタイムがあり、どんな週末を過ごしたかをパートナーに話す。ぎこちなく微笑んで目をそらしながら毎週ごまかしていたが、このままではいけないと思って1つのフレーズを準備した。

「I went to church.」

うん、これなら大丈夫だろう。

月曜日の授業時間。いよいよ会話の時間だ。週末に何をしたのかとパートナーに聞かれた。私ははりきって準備したフレーズを言った。

「アイ・ウェントゥー・チャーチ」

ひそかに満足していたが、さらに質問が。

「そうなんだ。きみの宗教は？」

Ｗｈａｔ？　韓国では、教会に通っているといえば当然、キリスト教徒であることを意味する。仏教徒なら寺に通い、カトリックなら聖堂に通うのではないだろうか。

私はうろたえた。

（えっと、教会に行ったんだから、キリスト教徒なんだけど……。宗教って？）

頭の中が真っ白になった。〝キリスト教〟の英語がまるで思い出せない。Ｐで始まる単語だった気がするけど……。やむを得ず「アイ・ドン・ノー」と答えてしまった。

すると今度は「そっか。教会はどこにあるの？」と聞いてくる。ウソでしょ！　どうしてこんなにいろいろ知りたがるの。今度はなおさら厄介だ。

（どうやって位置を説明すればいいんだろう？）

ｔｏ不定詞と関係代名詞が頭の中でこんがらがって、何も思い浮かばない。だからこう答えた。

「アイ・ドン・ノー……」

オーマイガッ！　まるでさらわれたみたいではないか。教会に行ったのに、宗教もわからなければ、位置もわからない……。週末農園の労働に無理やり駆り出されて帰ってきた人のようだった。幸い、パートナーからはもう何も聞かれなかった（涙）。

帰宅後、授業での出来事を夫に話しながら、キリスト教は英語で何と言うのか聞いたら、クリスチャンだという。オーマイガッ×１００！　ジーザス・クライスト！

そうよ、私はクリスチャン。母のおなかにいるときから聞いていたその言葉を言えず、「アイ・ドン・ノー」と答えた恥ずかしさで全身が真っ赤になった。このバカ、バカ！

そんなふうに英語と戦いながら、大学院へ行くための準備をした。運よくシカゴには、私が行きたい専攻分野を有する大学院が3つあった。問題はTOEFLのスコアだ。試験を受けると英語恐怖症が再発して、必要な点数が取れなかった。しかし、諦めるわけにはいかない。

先輩留学者が、「教授に会いに行って頼んでみるといい」とアドバイスしてくれた。現地にいる外国人学生に面談を申し込まれて断る教授はほぼいないし、大学院側としても新入生の確保が重要だという。やれることはすべてやってみよう。そこで、3つの大学院をすべて訪ね、乏しい英語力で自分をアピールした。入学させてほしいという切実な気持ちを込めて。

2校は不合格だったが、イリノイ工科大学(IIT)のデザイン大学院から2000年春学期の合格通知書を受け取った。アメリカ生活開始から1年後のことだった。やった!

あれほど欲しかった合格通知書を手にしたとはいえ、喜んでばかりはいられなかった。授業料を用意しなければならない。当時は学期ごとの授業料が約1万ドルだったので、1学期は両親が支援してくれた1000万ウォンで、2学期は韓国で働いて貯めた1000万ウォンで、3学期はアメリカでインターンとして働いて、最後の学期は学資ローンでまかなう計画だった。

ところが、アジア通貨危機で一気にウォン安となった為替レートが回復せず、300万ウォン足りない。これ以上、学費を捻出する方法はなかった。

私は大学院にメールを送った。すでにシカゴに来ていて合格通知ももらったが、為替レートの事情で入学金が足りない、奨学金を給付してほしいという内容だ。私がこの大学院を卒業した暁にはアメリカ社会でどんな人物となり、その成功が学校にどのようなメリットをもたらすかを書き添えた。切羽詰まっていたから、地元の方言でまくしたてるかのように英文メールが書けた。数日後、大学院から返事が来た。授業料の30%を奨学金として給付してくれるという。これでちょうど300万ウォンの不足分が補える。天はやっぱり自分自身で努力する者に力を貸してくれるのね！　どんな結果になるかわからなくても、まずは思い切って行動してみることが大切だ。


ダメでもともと、無理ならいいや、の精神で。

30歳、その気になれば成功できる年齢

19歳の私は、受験生だった。薄氷の上を歩くような毎日だったが、出口のあるトンネルをそろそろ抜け出そうとしていた。ここさえ過ぎれば、何だって思い通りにできる大人になれる。そう思うとワクワクした。

29歳の私は、慣れない異国の地であるアメリカで、初めて会社に就職した。怖かったが、新たなスタートによってもたらされる感激と熱さがあった。譲り受けた家具ばかりのアパート暮らしだったが、心は満ち足りていて、ブラックフライデーのときに買った20ドルのセーターが暮らしを楽しいものにしてくれた。アメリカに来て間もないということも、アメリカでの初の会社勤めだということも、私にとっては心の支え

になる言い訳だった。すべて良い日ばかりではなかったが、29歳の私はけっこういい感じだった。

ところが、39歳の私は不安でいらだっていた。そして、40歳になるのが怖かった。世間に惑わされない〝不惑〟に達する年齢なのに、私はやたらと揺れていた。20〜30代の青年層ではなく、後がない40〜50代の中年になることを受け入れられなかった。美しい青春時代が終わり、これからはもう裏舞台へ追いやられるだけだという思いに苛まれた。

年齢だけではない。双子の育児に追われ、子どもたちを幼稚園に入れると、気づけば39歳になっていた。20代の私は、新しいスキルを誰よりも早く習得する実力を備えていた。30代半ばまではまだ自信があった。それなのに、39歳の私の姿は不明瞭だった。後輩たちは優秀で、これから自分が到達すべきレベル（主にアメリカ人）の先輩を目指す意欲も湧かなかった。「私もここまでか？」という憂うつな気持ちで39歳を過ごしていた。

そんななか、ホンさん（仮名）に出会った。当時の年齢は77歳ぐらいだったと記憶している。ホンさんはとても勤勉かつ賢明で、開かれた思考の持ち主だった。私の悩みをじっと聞いて、こう言った。

「60歳でリタイアしたときは、やり切ったなという気がしたんだ。もう肩の荷を下ろして、休むときが来たなと思っていたよ。でも、今になってみると、60代は勢いのある年齢だなという気がする。もし私が10歳若返って60代に戻れるなら、何であれ新しいことを始めると思う。40代は職場の花だよ。20代ではまだ何もわからないし、30代は少し要領がつかめてくるけれど権限が少ない。40代は経験と職責に権限まで持てる。何でもやりたいことができて、指揮できるベテランの年齢だよ。大きな夢を見て、思い切りやってみるといい」

人生の先輩による、経験に基づいたアドバイスと激励が心に深く響いた。何よりも「10歳若返れたら……」と悔やむ言葉を聞いて、ハッとさせられた。たかが39歳で、裏舞台に退く心配をするなんて愚かなことだった。

こうして私は、少し余裕を持ち、穏やかな気持ちで不惑を迎えることができた。

私は49歳になった。もうすぐ天から与えられた使命を悟るという〝知天命〟の50歳。少し前から、知天命を迎える準備をしている。39歳の私は無防備で、優柔不断で、不安定だった。しかし、49歳の私は違う。5年ごとの計画を立てて、バケットリストを作成した。天命はまだわからないけれど、たくさんの人々と会って話を聞き、学ぼうとしている。そうすれば、いつか天命を悟る日が来るのではないだろうか。

今日は私の人生において、何かを始めるのにいちばん早い日だ。 49歳の私は、19歳の頃のように再びワクワクしている。

ホンさんは79歳で北ヨーロッパにキャンピングカーの旅に出た。2013年の人気バラエティ番組『花よりおじいさん』を見て、〝おじいさん〟チームを電撃結成し、男性3人でキャンピングカーを借りたのだ。平均年齢75歳。荷物持ちもいない、おじいさん3人だけの旅。素敵! 旅先から、ときどき「ノルウェー・ヘラルド」という名のニュースレターが届いた。以下は、その一部だ。

~初日の夜に大事件が発生。リレハンメルで野宿~

みんなで急いで荷物を積み、初日の宿泊地であるリレハンメルキャンプ場の住所をナビゲーションに入力して、空港からE6高速道路に乗って北へ。

ナビに従ってたどり着いたのは、未舗装の田舎道だ。そのまま進むと、湖畔の幽霊出没地域！　引き返したところ、なんと急傾斜の草むらに車がハマり、アクセルを踏んでもタイヤが空回りするだけ。時間は夜9時。人通りはないし、冷えてきた。文字通り、真っ青になる。

近くの町まで行って、家の門をたたくと、おばさんが出てきた。事情を話して、町中の人々に電話をかけてもらったが、トラクターで車を引き上げてくれる人が見つからない。紆余曲折の末、1時間以上経ってから、あるおじさんを呼んでトラクターで何とか引き上げると辺りはもう真っ暗。夜10時30分。どこへ行く、こんな夜中に。仕方ない。100キロ先のリレハンメルへ。

信じられない、なぜ高い金を払って、こんな苦労をしているのか。真っ暗な夜、しとしと降り続ける雨。リレハンメルキャンプ場に到着したのは深夜0時。門は閉まっていて、誰もいない。どうしようもないからオフィスの前に車を停めて、食事も何もせずに、ただ横になる。明日のことは明日考えよう。

――ニュースレター「ノルウェー・ヘラルド」より

なんてカッコいいのだろう！　ホンさんの素敵な89歳と99歳が楽しみだ。そして、私の素敵な59歳と69歳も。

CHAPTER

2

計画ばかり立てて実行できないなら

私の人生を変えた魔法の言葉
「ダメならいいや」

自分にできることについて悩もう。
自分に決定権がないことではなく、できることから始めればいい。
そして、決定権が与えられたときに選択すればいい。
やってみたうえで選択しないのと、
やっていないから選択できないのは、天と地の差だ。
短く悩んで、素早く行動。まずはやってみよう。
何が起こるにせよ、考えるのはそれが起こってからでも遅くないよ。

短く悩んで、素早く行動

「海外で経験を積みたいのですが、留学すべきでしょうか？」

「海外で経験を積みたいのですが、どうすればいいでしょうか？」

「海外で経験を積みたいのですが、貯金が必要ですよね？」

私が周囲の人々によく聞かれる質問だ。私の返事は毎回まったく同じだ。

「どの学校でもいいので、まずは出願してみてください。行くか行かないか悩むのは合格してから。今、みなさんにはその選択権がありません。今あるオプションは、願書を出すこと、そして、結果を待つことだけです」

私たちは悩みすぎる。しかも、先のことについて悩んでしまう。その多くが分不相応な悩みだ。留学するかしないかを決めるのは、入学許可証をもらった後でも遅くない。それなのに99％がまるで今、入学許可証を手にしているかのように悩む。その前に越えるべき山があることを知らないのか、考えたくないのか、それとも、なるべく無駄なことはしたくないということなのか。何年も悩んでいるわりに、実際に願書を書いたことがあるという人は多くない。ひょっとしたら、リジェクトのメールを受け取るより悩んでいたほうがずっと気楽だからそうしているのかもしれない。

アメリカの複数の大学院を志願した当時、私は英語能力試験のスコアが不足していたばかりか、自己紹介書を上手に書けるような英語力もなく、志望校についてよく知りもしなかった。ひとまず家から近い大学院に願書を出して、「足りないスコアは入学までに必ず達成する」という手紙を添え、「近所に住んでいるのでお会いしたい」とお願いして、実際に会いに行ったこともある。1校は私と会ってあきれ返り（ろくに話せないから）、別の1校は私の必死さをけなげだと受け止めてくれた。

就職活動も同じだ。合格通知はもらうものであって、自分で書くものではない。自分にできる（あるいは、すべき）ことは、門を叩いて、対話と交渉をすること。合格通知やオファーメールをもらえなくてもいい。そのプロセスこそが練習であり、必要な訓練となる。

一社に長年勤めている人から今後のキャリアについて相談されたとき、「他社の面接を受けてみてはどうか」とアドバイスすることがある。実際に転職するかどうかは別としても、現実的な自分の市場価値を知り、握っているボールにどれだけの価値があるのかを実感することができる。**毎年、1年間の成果を振り返って履歴書を書き直し、数年に一度は転職市場に飛び込んで、どんな扉が開くかテストしてみる。これは、キャリアという名のマラソンを〝上手に〟完走するために必要な工夫だ。**

自分にできることについて悩もう。自分に決定権がないことではなく、できることから始めればいい。そして、決定権が与えられたときに選択すればいい。やってみたうえで選択しないのと、やっていないから選択できないのは、天と地の差だ。短く悩んで、素早く行動。まずはやってみよう。何が起こるにせよ、考えるのはそれが起こってからでも遅くないよ。

今日はJust Do It!

失敗の恐怖に打ち勝つ7つの方法

長年親しくしている後輩のエナから、キャリアについて相談を受けた。エナはアメリカ西部の名門大として知られるＵＣＬＡでビジネスと経済学を専攻し、現在はプロジェクトマネージャーとして働いている。ＩＴプロジェクトを進行中、ひょんなことから引き受けたＵＸデザイン（User Experience Design）の仕事に興味を抱き、本格的に転向を考えているという。

ＵＸデザインとは、ユーザーが製品やサービス、システムなどを使う体験を総体的にデザインする仕事だ。たとえば、ユーチューブのアプリを開いたとき、どんな映像が出てくれれば照会数がアップするか、サムネイルの大きさやタイトルのレイアウトはどんなものが使いやすいか、ユーザーに必要なメニューはどのように構成すべきか、チャンネル登録や通知設定の機能をどんなものにするかなどをさまざまな方法でテストして研究し、ユーザビリティを向上させる。ボタンの大きさや位置、形、カラーなどのちょっとした違いが製品の使い心地に影響を及ぼすため、ユーザーの心理や反応の分析業務を並行する。

エナは1年後ぐらいに今の会社を辞めて、来年の秋学期からUXデザインの勉強をしたいと思っていると言い、私にアドバイスを求めた。学校に通うことによる経済的負担、成功する保証もないのに若くない年齢で学生に戻る選択はアリなのかについて、深刻かつ悲壮な様子で語った。エナの話をしばらく聞いた後、私は言った。

「就職活動も試しにやってみたらいいんじゃない？　学校に願書を出して、他の会社も受けてみたら？」

「今すぐ会社を辞めるつもりはないんです」

「他の会社を受けるというのは、今すぐ会社を辞めろという意味じゃないよ」

「でも……他社の面接を受けるなら、本気で転職する気がないといけませんよね。行く気がないなら、時間の無駄じゃないですか？」

私は笑って言った。

「受けたら必ず受かるの？　とりあえず試してみなきゃ」

エナがうなずいて、言った。

「確かにそうですね。何から始めたらいいでしょうか？」

「会社を検索して、気に入ったところにエントリーすればいいよ」

エナが採用情報を検索してエントリーする方法を知らないはずがない。でも、困った表情をしているのでもう一度聞いた。

「普通に応募すればいいだけなのに、どうして迷っているの？」

エナがしばらく間を置いてから言った。

「どうしてでしょうね。怖いのかな？」

「何が？」

「うーん、落ちるかもしれないことが」

「何度も落ちて当然よ。転職活動ではめずらしくないことだし。あなただってわかっているでしょう？　それなのに何が怖いの？」

エナはしばらく考えてから、おもむろに口を開いた。

「私が落ちたことを知ったら、周りの人ががっかりすると思うんです。身近な人たちは、私にすごく期待していて。だから、プレッシャーが大きいんです」

私も体験したことがあり、今でも隙あらば心に入り込もうとしてくる、この恐怖という感情にどう対処すればいいのだろう？　恐怖はとてもたちが悪く、暗くて最も強い感情だ。でも、上手に扱えばパワフルなエネルギーになる。恐怖の取り扱い方を7つご紹介しよう。

1 ボールを投げよう

まずはボールを投げてみよう。そうすれば手ごたえをつかむことができ、ファウルやゴロを繰り返して、やがてはホームランを打てるようになる。ベンチに座ったまま大逆転を夢見るなんて、どだい無理な話だ。人生に一発逆転はない。少なくとも私の人生にはなかった。

運を引き寄せることが重要だという人も多いが、いざ運が訪ねてきたときにつかむことができなければ何の意味もない。運とは結局、自分が投げたボールが返ってきたもので、これをバットで打ち返したときに満塁ホームランが炸裂する。二球目を投げるのは、最初のときより怖くない。三球目を投げるときはさらに恐れが減る。

2 確率を上げよう

ラグビーボールを投げる勇気がなければ、ピンポン玉を投げてみよう。真っ赤なボールが怖いなら、黄色いボールを投げてみる。自分の手にぴったりで、うまく投げられるのはどんなボールなのかを知っていこう。複数のボールをあちこちに向かって投げることも大切だ。決まった場所だけに投げていると、戻ってくる確率が下がる。大学院を受験し、新しい会社の面接を受けて、個人メディアを始めてもいい。〝数打ちゃ当たる〟精神でＯＫ。

3 最初からうまくやろうとしない

私はグーグルになかなかなじめなかった。全世界の頭のいい人々が大集合しているように思えてみじめになり、自分をさらけ出すのが怖かった。プレゼンテーションの準備をしないといけないのに、手を付けることすらできない。会議録もデザインドック（Design Doc）もさっぱり書く気が起こらず、深夜まで机の前に座っているだけ。締切間近になって慌てて取りかかるせいで当然クオリティは低く、それを見てまたつらくなる。毎日、悪循環を繰り返していた。

そんな私に、カウンセラーがアドバイスをしてくれた。「とりあえず何でもいいから思いついたことを書き出してみて。順序や形式は気にせず、英語でも韓国語でもいいから、まずは頭に浮かんだ言葉を文字にして、ページを埋めてください」と。そうだ、何も始められないのは、つい欲張って最初からうまくやりたいと思ってしまうせいだった。

美大を目指して、デッサンを習っていたことがある。アグリッパの石膏像を見ながら一生懸命に目を書き、髪の毛を描写したが、どうもうまくいかない。同じ美術教室に石膏デッサンがとびきり上手な先輩がいたので、書き始めるところから観察してみた。サッサッサッサッサッ……。先輩は鉛筆を持つ手を指揮者のように軽やかに動かして、画用紙の上から下へ数百本の薄い線を描いた。まるで鉛筆が勝手に動いているかのように。鉛筆が通り過ぎたところには無数の曲線が重なっていく。そこには目もなく、中心線もなかった。しかし、それらの線がしだいに形を整えられ、細かい部分が書き込まれていくと、素晴らしいデッサンが完成した。

真っ白な画用紙に何かを描くときはいつも勇気がいるもの。でも、あまり気負わずに、薄くて、一見意味がなさそうに見える線を引くところから始めよう。最初の線はどのみち、後から埋もれて見えなくなったり、消されていくものだから。

4 失敗を前提に考えよう

エナと話すなかで、私は彼女との大きな違いを発見した。私は失敗することを前提としているが、エナは失敗しないことが大前提だった。失敗は誰にとってもつらい経験だ。でも、失敗を覚悟しておけば当然の結果としてとらえることができ、再度挑戦する力が湧いてくる。エナがこれまで順調な人生を歩み、大きな失敗をした経験がないというのは、言い換えれば、失敗する恐れのない安全な道だけを歩んできたという意味でもある。

5 失敗と自分の価値を結びつけない

エナは「失敗する自分を受け入れられない」という。気づけば30代半ばとなり、この年で失敗するのはリスクが大きすぎると考えている。こうした感情は、失敗と自分の価値を同一視することによって生まれる。「今回はうまくいかなかったな。そういうこともあるさ」と切り替えることができず、「失敗してしまった。ちゃんとできなかった」と考えると、自分が役立たずで不完全な人間に思えてくる。自尊感情が傷つき、「やっぱり私がダメなせいで……」と奈落の底に落ちてしまう。失敗した自分に正面から向き合うのは誰でも怖い。ただし、失敗はいろいろな現象の1つに過ぎず、それが自分自身の価値そのものになるわけではない。

6 失敗は結果ではなく、過程だ

エナは〝失敗〟という言葉を何度も使った。ある出来事を〝失敗〟と名づけてしまうと、それが最終的な結論となるので、諦めずに打開策を模索しようという気持ちが生まれにくくなる。失敗とは単に、自分の予想や希望とは違う展開になったというだけのこと。その過程で何を学び、どんな成長を遂げ、それをきっかけに今後はどんなボールを投げるのか、次の方向性を定めるために活かせたら上出来だ。失敗を深刻にとらえすぎないようにすれば、恐れも小さくなる。

7 怖いのは当たり前

恐怖とは、人間を含む動物すべてが持つ感情だ。恐れを感じていないように見える人は、強いふりをしているだけだ。怖いと思う気持ちがあるからこそ私たちは危険を予測して身を守り、食糧を蓄え、周囲を警戒する。つまり、恐怖は捨ててしまわなければならないものではなく、生きていれば感じる自然な感情だということ。ただし、とても強力なので、振り回されないように気をつけないといけない。うまくコントロールできれば、人生を動かす原動力になる。そして、はっきりしているのは（もしかしたら役立つかもしれないので書いておくと）恐怖に悩んでいるのはあなただけじゃないということ。少しは気休めになるだろうか……。

初めて背泳ぎを習ったとき、体の力を抜いて、水の上に横たわりましょう、と言われた。水の上に横たわる⁉ どういうこと⁉ 私は何度も水を飲んだ末にようやくコツをつかんで、浮くことができた。実際、スイミングスクールで溺れて死ぬことはほとんどない。私はどんな恐れと戦っていたのだろう？ それぐらいでは死なない！

「失敗したくない」は、「挑戦したくない」と同じ

採用面接で「ホームランを打ったことがあるか」と質問されたことがある。私が面接官であれば、逆に失敗の経験を聞く。失敗なき成功を見たことがないし、失敗を重ねることによって成功の可能性が高まるという事実を経験から学んだからだ。

失敗の経験が少ないというのは、言い換えれば、挑戦したことがないか、失敗しない範囲のみで挑戦したという意味でもある。新しいことに挑戦するときは、うまくいかない確率のほうが高い。他の人はうまくこなしていても、いざ自分でやってみると思うようにいかないときもある。重要なのは、経験値を高めていくことだ。失敗によって、その原因に関する知識が増え、同じ失敗を繰り返さない技術が身につき、次の挑戦に向けた打たれ強さや度胸も手に入る。

たくさん失敗すれば自動的に経験値が上がるわけではない。プライドが傷つき、自分だけがダメな人間のように思えて、環境を恨んでしまったり、くやしさや苛立ちを感じたりすることもある。失敗を成長の糧にするには、次の3つを心がけよう。

1 失敗の積み重ねが経験値になる

人間は生まれてから歩き出すまでに数多くの失敗を重ねる。寝返りが成功するまでに数百回失敗し、ハイハイをしようとして数えきれないほど床に顔をぶつける。最初の一歩のために何度も転び、よちよち歩きがかけ足になるまで、膝にたくさんの絆創膏を貼ることになる。新生児がいきなりランニングに挑戦することはない。

だから、若い頃からその年齢でできる間違いや失敗はたくさんしておいたほうがいい。朝寝坊して遅刻して、テストで悪い点数を取ったり、友人のことで悩んだり、学校で起こる理不尽な出来事に対抗してみたり。失敗の苦い経験を味わい、その後始末をして、恥ずかしさを感じたり、プライドを傷つけられたり。自分と同じように悩んでいる友達をサポートして、共同体の価値を経験するのも大切なことだ。

失敗した経験が豊富な人とそうではない人が会社に入ると、その差は歴然だ。順風満帆だった人は失敗するまいとして、大きなプロジェクトや責任ある仕事を引き受けたがらない。そればかりか、仕事でトラブルに見舞われると激しく落ち込んだり、うまく収拾をつけられず、回復にも長い時間がかかる。ひどいときは会社を辞めることで自分を罰したり、現場を回避する方法を取ることもある。

一方、失敗と事態の収拾を何度も経験したことのある人は、「こういうときは、すぐにミスを認めて謝罪をすべきだな」とか、「次はもっとうまくやろう」とか「世の中には変わった人が多いから、運が悪かったと思おう」と考えて忘れるなど、さまざまな方法で解決して前に進む。

若手社員の失敗はほとんどの場合、会社に大損害をもたらすことはない。ジュニアクラスやシニアクラスに昇進しても、その等級で耐え得る仕事を任されているのだから、自分の失敗で会社が倒産したり、地球が滅亡したりすることはない。

ただし、その失敗によって自分がくじけてしまう恐れはある。そうならないために、打たれ強さを身につけよう。

2 振り返って反省する

成功という結果よりも大切なのは、過程を振り返ること。なぜ失敗し、なぜ成功したのかを振り返ってシステム化しておけば、次の成功の確率を高めることができ、失敗の繰り返しを避けることができる。持続可能なシステム作りは、個人のキャリアだけでなく、会社の成長にとっても重要だ。人材やプロセス、チームの役割分担、法規、市場の需要、価格など、失敗の原因がどこにあったのかを確認したうえで再挑戦すれば、成功の可能性が高まる。

ところが、失敗の原因を誰かのせいにしてしまう人がいる。たとえば大学入試に落ちたときに「先生があそこを受けろと言ったじゃないですか」と言ったり、会社でなぜこんな事態になったのかと責められて「部長がそうしろとおっしゃったじゃないですか」と言ったりするケース。私もキャリアに関するアドバイスを頼まれて、あとから文句を言われることがときどきある。

こうした態度は、失敗の原因を正しく振り返ることができなかったときに現れる。自分のやるべきことに主導的に取り組んだのではなく、誰かに引きずられる形で行ったせいだ。しかも、なぜ引きずられているのか、どこへ行くのか、結果はどうなるのかを考えすらしなかったことが原因である。こうした失敗は自分事ではないから、経験値を上げるための役には立たない。プライドが傷つくだけだ。自分で引っ張っていくにしても、引きずられていくにしても、しっかり気を引き締めて、バランスを崩さないように注意したい。

3 最後までやり遂げる

失敗と反省を繰り返しても、おのずと成功への道が開けるわけではない。打たれ強さや度胸は、成功経験が積み重なって初めて身につく。失敗の原因を1つずつ取り除き、新しい方法を試し続けた結果として成功の芽が出たという経験と達成感が経験値の基礎となる。

子どもの頃に友達とケンカして仲直りしたこと、クラスの学級委員選挙に何度も落選してやっと選ばれたこと、大学入試に失敗して浪人後に合格したこと、いくつも不採用の通知をもらった後で就職が決まったこと、多くの失敗を経てプロジェクトをようやく成功させたことなどが積み重なって、経験値がぐんとアップする。

私の講演会では、成功談より失敗談を話すようにしている。その失敗が自分の成長においてどんな役割を果たしたのか、どのように克服したのか、結果的にどんな成功につながったのかを説明するために必要なストーリーだから。成功だけを目指して近道を見つけようとする人に、その裏にある過程を教えたいという思いもある。

失敗はつらい。でも、成長のためには必要なステップだ。失敗を傷のままにしておいてはいけない。いちばん危険なのは、つらい記憶のせいで気持ちが萎縮してしまうことだから。**傷ついたらその場ですぐに手当てをして、原因を分析し、傷つかない方法を研究して立ち上がろう**。そんな経験が増えていけば、再挑戦への意欲が湧き、傷つくことへの怖さが和らいでいく。

「これぐらいで死にはしない」

こんな余裕を持てるようになる。

子どもが失敗しないように手を貸してやるのがいい親だ、と言われることがある。部下が失敗しないようにあれこれ指図をするのがいい上司だ、と言われることもある。でも、ちょっとぐらい失敗したって空が落ちてくることはない。本人のやりたいようにやらせましょう。失敗の機会を与えないという選択がいちばん危険だ。

1回の成功より、100回の失敗に価値がある理由

美大志望だった私は、実技試験用に備えてパターン化されたテクニックを完璧に身につけていた。たとえば、出題テーマが何であれ、まずは大きな円から描き始めるとか、事前に混ぜておいた絵の具を塗る順にペイントボックスに入れておくとか。私の作品はどんなテーマでも常に代わり映えしなかった。美術予備校の講師には信頼されていたし、安定した結果を出すという面では受験にぴったりの学生だった。でも、私はいつも同じ絵ばかり描く自分がふがいなくて、落ち込んだ。創造力のかけらもない。枠にはまった自分が恥ずかしく、もどかしかった。

同じ美術予備校に、私とは正反対のタイプの友人がいた。さっぱりダメな日や時間内に完成できない日もあったが、ときどきものすごい作品を生み出した。斬新な解釈

や、初めて目にする線と面のバランス、想像もできなかった色の組み合わせによって創られたデザインを見ると、映画『アマデウス』のサリエリのような嫉妬と挫折を感じた。私には持って生まれた才能がないのだと思い知らされてつらかった。デザイナーになるという決心が揺らぎ、自嘲的になって、自分で自分を傷つけた。家族を巻き込んで大騒ぎして始めたことなのに、私の才能と能力はまるで期待に及ばなかった。

大学入学後、新たな試練に直面した。大学の授業には、もう公式も模範解答も参考書もない。抽象的なテーマでデザインをしなければならず、私が学んだ入試美術はまるで役立たなかった。それでも理想や期待は大きかったから、しょっちゅう徹夜をしていた。ほとんどの時間を〝考えごと〟に費やした。一本の線すら引けずに数時間。引いては消して数時間。描いた線を見ながら悩み続けて数時間。そうこうしているうちに朝が来て、作ったものを持って慌てて授業へ向かった。私の作品は未完成でひどいものだった。それなのに、同じ学科の友人たちが作品について説明するのを聞きながら、あろうことか心の中で「たいしたことないな」と見下していた。

「ふーん、あんなの1時間もあれば描けるよ。あれでデザインって言えるわけ?」

まるで自分は高尚なデザイナーなんだと言わんばかりに、時間がなかったから完成できなかっただけ、時間さえあれば素敵なデザインができたのにと思いながら……。そんな4年間を過ごして気づいた。いや、認めざるを得なかった。私は天才デザイナーではなく、時間が与えられたとしても素晴らしいデザインはできない。想像の中の私はただの錯覚で、虚像だという事実を。私の実力はその程度だった。

それから数年が過ぎ、現場で実務経験を積んで、重要なことを悟った。生まれ持った才能がないことを嘆いても、素敵な作品を作りたいと夢見て今の自分を否定しても、他人の作品に低評価を下したり羨んだりしても、何の役にも立たない。**才能がなくても持ち前の誠実さで足りない部分を埋められるし、苦悩ではなく実践が自分を強くする。他人の人生ではなく、自分の人生にしっかりとフォーカスを合わせて生きるべきだ**と気づいた。

自己評価が低すぎるのも問題だが、自分をすごい人だと思い込むとか、すごい人にならなければと錯覚するのも禁物だ。私たちのほとんどは平凡な人間である。光り輝くアイデアが1日で思い浮かぶことはめったにないし、練習もせず達人になる奇跡も起こらない。この世に生まれて、ハイハイをする前に歩き出す人はいない。この事実をいち早く認めて、受け入れなければならない。「私はこれから数十回、ううん、数百回は失敗するだろう」と思えば、心が少し楽になる。成功のためではなく、失敗するための挑戦だと思えば、できないことはない。

「どうせ無理だろうから、うまくいこうがいくまいが、やるだけやってみよう」

いい結果が出なくても、「大丈夫、あと99回、失敗するチャンスが残っている」と考えればいい。

驚くべきことに、1回の成功より、100回の失敗のほうが自分を成長させてくれる。恐れずに失敗をすれば、自分の実体に出会える。振り返ると、大学時代に1本の線すら引けないほど悩みながら朝を迎えたのは、自分の実体と向き合うのが怖かったからかもしれない。

スペックや周囲の期待、仮面など、自分を覆っている殻を破って、本質と向き合おう。そこがあなたのストーリーのスタート地点であり、礎(いしずえ)だ。これさえわかれば、風が吹いても揺れたり崩れたりしない丈夫な家を建てることができる。私たちが悩み、失敗を恐れ、混乱してしまう理由は、まだ自分に出会えていないからではないかと思う。自分と向き合えば、自分を作ることができる。

修士、博士、ポスドクまで終えた後、「これからどうしよう?」とメンタルの危機に陥る人がいる。道があるから歩いていただけで、その道が自分に合っているのか、深く考えることがなかった場合だ。残念ながら、この問題について他人に答えを出してもらうことはできない。各自で答えを見つけ出すしかない。

でも、希望を持ってほしい。**人生のどの地点であっても、自分に出会うことは可能だ。**自分を知ってスタート地点を定めたら、新しい家を建てればいい。今まで作ってきた家を捨てることをもったいないと思う必要はない。その家を建てながら積み上げてきた経験値を活かせば、新しい家はずっと楽に建てられるだろう。

ビビるな！　死にはしない

2000年代初め、大韓民国に〝褒めブーム〟を巻き起こしたミリオンセラーがある。ケン・ブランチャードの『褒めればクジラも踊る』（原題：Whale Done!／日本語版：シャチのシャムー、人づきあいを教える――ポジティブな人間関係の驚くべきパワー、早川書房）。褒め言葉を出し惜しみする韓国文化への自浄意識がこのブームを生み出したのではないかと思う。

ところが、私はこの褒めブームに違和感があった。なぜクジラが踊る必要があるのか、踊っているクジラは幸せなのかということには誰も関心を持っていないように見えた。クジラが踊るという事実に誰もが熱狂し、クジラを踊らせたのは自分だと満足している状況を受け入れることができなかった。さらには褒める内容がいっそう重要だと言われるようになり、褒めテクニックに関するさまざまな講座や理論が流行した。そのすべてが油商人みたいに見えた。何とかして、より多くの油を搾りとろうとしているかのようだった。「これもすべて、きみのためだよ」という言葉の裏に隠された、話者の欲望にもやもやした。

最近、韓国経済の低成長と高い失業率にくじけた若者たちを「大丈夫」という言葉でなぐさめる本や言葉が増えている。予告なくやってきたコロナ禍によって全世界がコロナブルーに陥った今は特に、称賛よりなぐさめが必要だ。

散歩中にふと気になって、中学生の娘に聞いてみた。テストの結果が悪かったときや友達とケンカしたとき、誰かに「大丈夫だよ」となぐさめられたら、どんな気分になる？　娘は1秒も迷わずに叫んだ。

「ほっといてよ！　お願いだから」

理由を聞くと、大丈夫でないことを大丈夫だと言うのは自分をわかってくれていないということだから、余計に気に障るという。そして、相手の言葉に合わせて、自分が大丈夫にならなければならない気がするからイヤだと言った。考えてみたら、私も同じような気持ちを抱えていた気がする。自分が大丈夫なのか大丈夫じゃないのかは、自分がいちばんよくわかっている。誰かに「大丈夫だよ」と言われたら、誰にも理解してもらえない気がして、「あなたになにがわかるの！」と、いっそう泥沼にハマってしまうことがある。

２０２０年11月、シアトルエリアの韓国人ＩＴ専門家の集い〈創発〉に招かれて、就職活動中の韓国人青年を対象に講演をしたことがある。こんなアドバイスで締めくくった。

「みなさん、ビビらないでください」

この最後の一言は強力なメッセージとなって参加者に響いたらしい。多くの人々から「勇気をもらった」「ビビらない人になります」という感想が届いた。

この時代、私たちに必要な言葉は「大丈夫」ではなく、「ビビるな」ではないかと思う。大丈夫ではない状況だ。大丈夫になれない状況だ。新型コロナウイルスが招いた、この超現実的な状況はしばらく私たちを苦しめるだろう。誰にも等しくやってきた現実だ。

人間が怖さを感じるのは、結果がまったく予測できないとか、命を落とす危険があるという場合だ。でも、キャリアに関することの中に、少なくとも生命を脅かすようなものはない。自分のアイデアをインターネットに載せたり、登録者数0人のユーチューブを始めたり、100社に履歴書を送ったり、ありとあらゆる人に連絡をしまくったりしても、命の危険はない。対面交流が減った昨今、顔を合わせて緊張することもほとんどない。

サーフィンをしたことはあるだろうか？　波が激しいときは、そのリズムに合わせて突き進み、波に乗らなければいけない。怖がっておろおろしていたら、海水がドバドバ口に入り、波に巻き込まれて、陸地に押し戻されてしまう。コロナが社会全体に荒波を立てた。企業の倒産やリストラのニュースが絶えない。雇用市場は凍りつき、マイナス経済成長は今後もしばらく続くだろう。しっかり気を引き締めて波に乗らなくてはいけない。誰もが大変な時期だ。波を越えよう。

ビビるな！　死にはしない。

揺るぎない強い自己肯定感を手に入れる「心の整理整頓術」

仕事を長続きさせる秘訣は、楽しみながら働くことだ。**天才は努力する者に勝てず、努力する者は楽しむ者に勝てないという**。では、どうすれば楽しく長く仕事を続けていけるのだろうか？　おもしろさを感じるには自分の気質と性格に合った仕事を見つけること。仕事を長続きさせるには、自己肯定感を高めて心の筋肉を鍛えることが大切だ。

採用面接や社内のプレゼンテーションでひどく自信なさげな人を見ると、残念な気持ちになる。たいていは、自分のコンテンツに愛情がない場合だ。本人すら気に入っていないものを他人に薦めても、まったく説得力がない。

変化を起こすには、まず現在の問題点をはっきりさせて、目標を設定し、目標達成の実践方法を知る必要がある。でも、自尊感情は心の領域なので、この3つをすべてこなすのは簡単なことではない。たとえば目標がダイエットなら、問題点がわかりやすく、方法に関する情報も巷にあふれているから、実践さえすれば達成できる。英語の勉強も問題認識が簡単で、実践方法が多様なので、時間と努力があれば解決可能だ。しかし、心については自分の状態を認識するところからして難しい。問題点がわからなければ、変わろうという意志も生まれない。そのため、八方ふさがりになったり、理由もわからずにさまよい続けたりすることになる。

家の片づけや書類整理など、何を整理するにしてもまずは「分類」から始まる。「とっておくもの」と「捨てるもの」、そして「避けるべきもの」を分けていく。心の整理整頓も同じ要領で練習して、習慣化していこう。

心の整理整頓術

◆とっておくもの：自分への褒め言葉とポジティブな思考

自尊感情が低い状態で誰かに褒められると、こんなふうに感じる。

「そんなわけないでしょ」（否定）

確かに褒められたのに、認めることなくすぐに捨ててしまう。シャネルのバッグをプレゼントされても、それがシャネルであることがわからない。

「おだてようとして、お世辞を言っただけだろうな」（ひねくれた解釈）

明らかに称賛なのに、悪いほうに受け止める。シャネルのバッグをプレゼントされたのに、ニセモノだと思って、クローゼットに突っ込んでしまう。

「だから何よ。他に何のとりえもないのに」（偏向解釈）

褒め言葉を受け止めず、他のことを連想する。シャネルのバッグをプレゼントされたのに、今日のヘアスタイルが決まらなかったせいで憂鬱だ。

ポジティブな言葉と思考はしっかり噛みしめて消化し、心の栄養分になるように保存しておこう。

―

新しく入ってきたタミさんが、私に関するいい評判を聞いたと教えてくれた。

聞き流しそうになったが、もう一度しっかり噛みしめて心にしまった。やったね。

――2019年11月20日の日記より

◆捨てるもの：心のゴミ

ゴミはすぐに捨てれば腐らないいし、ハエもたからない。最初はゴミだと判別するのに時間がかかるが、練習を続けていればコツがわかってきて、スピードアップできる。心のゴミには、外から入ってくるものと自分が作り出すものがある。外からのゴミはいち早く捨てよう。

他人がずけずけとぶつけてくる言葉、たとえば「きみ、太った？」「今日の服、どうしちゃったの？」「すっぴん、ヤバいね」――こんな不必要な言葉はすべてゴミ。誰かにゴミを渡されたらどうすればいい？　ゴミ箱に捨てればいいだけ。

――ユーチューブチャンネル・That Korean Girl DolDolKong
「失礼な言葉をうまく処理するための心構え」より

自分が作り出すゴミは、次のようなもの。

「私はやっぱりダメなんだ」

過去の経験と記憶に基づいて、現在の自分をいびるパターン。過去は過去として捨てるべき。

「応募したって落ちるに決まってる」

まだ見ぬ未来ばかり心配して、現在の自分を放置するケース。

「会社が傾いてクビになったらどうしよう?」

自力でコントロールできないことを心配して、現在の自分を怖がらせるケース。

こんなゴミを抱えこんでいないかどうかチェックして、パパッと捨てる練習をしよう。モノを捨てるときと同じように、心に居座るしこりを取り出すときも大きな決心と努力が必要だ。

◆避けるべきもの：ネガティブで、厭世的で、皮肉っぽい人とコンテンツ

捨てるものととっておくものを分ける練習をしていると、そもそも心に入れるべきでないものが見えてくる。モノを消費するときと同じように、心も合理的に消費する習慣をつけたい。私たちには毎日24時間が公平に与えられている。この時間内に人と会い、仕事をして、考えごとをする。心の空間に不要なものを入れて、分離して捨てるという作業の繰り返しに時間を割くよりも、ゴミが出ないようにあらかじめブロックしたほうが賢明だ。ネガティブで、厭世的で、皮肉っぽい人とコンテンツからは距離を置こう。よくない〝気〟を浴びると、悪臭がなかなか消えないから。

ニュースは人々の時間を奪い取り、広告収入を得るために絶えず刺激的で中毒性の高いストーリーを送り出す。SNSは「いいね！」をもらうために、ニセモノを美しく飾り立てている。ネガティブな人はたいてい臆病者だから、恐怖心を周囲にまき散らして群衆の中に紛れ込もうとする。あなたの人生に役立たない。逃げて！

自分の心のオーナーになろう。そのためには感情を具体化して、精神の実体と向き

合う練習が必要だ。なんとなく不快な状態、憂鬱な状態、苦しい状態をほったらかしにしてはいけない。**感情に名前をつけて、原因を突き止め、自分の内面と向き合ってみる。**自分を理解する時間を設けよう。心をなぐさめて癒すには、まず自分自身と向き合うことが大切だ。

外国の文化や道の種や彼方の惑星を理解するために、私たちがこれほどの努力を惜しまないのなら、自分自身の心を理解するためにも同じぐらい一生懸命取り組む価値があるかもしれない。

——ユヴァル・ノア・ハラリ

『21 Lessons：21世紀の人類のための21の思考』より

毎日を機嫌よく過ごすには？
――心の筋肉を鍛える3つのトレーニング

身体の健康のために、私たちが日頃やっていることを振り返ってみよう。

定期的に健康診断を受けて、病気の予防と早期発見に努める。体調が悪くなれば病院に行き、専門家の診断と治療を受ける。体にいい食べ物を摂取して、必要な栄養分を供給する。運動をして体力や筋肉を鍛え、コンディションを整える。

心の健康を保ちたいときも、同じことを実践すればいいのではないだろうか？　専門家のサポートを受け、良質な栄養を摂取して、筋肉をつければいいはず。心の健康に効果のあった方法をいくつかシェアしたい。大切なのは、どんなこともコツコツ続けて習慣にすること。三日坊主な人は、「3日だけやってみよう」を毎日続けてみて。

自己肯定感の筋肉を鍛えよう

1 感謝ノート

オプラ・ウィンフリーの書籍『私が確かに知っていること』（原題：What I Know For Sure）を読んで知ったテクニック。

寝る前（他の時間でもＯＫ）に10分ほどノートに文章を書く。最初は、1日を振り返って感謝を感じた出来事を書いていたが、今は感謝したこと、うまくやれたこと、残念だったことを3つずつ書くスタイルに定まった。始めたばかりの頃は、まったく何も思い浮かばなくて途方に暮れていた。昨日にそっくりな今日、何も特別なことのない1日、あるいは、めちゃくちゃな1日ばかり。感謝したことも、うまくやれたことも思い出せなかった。それでも何とか絞り出す練習をしているうちに突然、思いもよらないことに感謝して満たされるようになった。コツコツ続けていると、次のような効果が表れる。

1．憂鬱な気分を放置せず、じっくり観察する習慣がつく。今日1日どんなことがあったのか、なぜこんな気分になったのか、それぞれを探り、整理（分類）できるようになる。著名な認知心理学者で行動経済学者でもあるダニエル・カーネマンは、**幸福とは経験の客観的蓄積物ではなく、何を記憶するかにかかっている**という理論をさまざまな実験によって確立した。私たちの心を操る記憶はとても主観的で偏っているので、何でもないことを大失敗のように記憶することもあれば、実際にあったいいことを消してしまうこともある。そこで、1日を振り返って記憶を矯正することがとても役に立つ。感謝したこととうまくやれたことを書くと、「今日という1日は思ったより悪くなかったな」という気持ちになれる。

2. 何かが起こったとき（あとから思い出すのは難しいと知ったことにより）、すぐに記録するクセがつく。すると、その瞬間に感じた感謝と幸せをより鮮明に記憶に残すことができる。自分の心の状態を瞬間ごとに認知するというのはとても重要なスタートだ。

3. 身の回りで起こる出来事への関心が高まる。パートナーの言葉、子どもが話したこと、会社の上司の話などを注意深く聞く習慣ができる。そして、周囲を観察するマメさが身につく。つまり、こまめな脳の運動を日常生活の中で続けることになり、心の筋肉が自然に鍛えられる。

4．書くことは、思考を具体化して、心と向き合うために最良の方法だ。ノートに書くことによって思考を実体化すれば、自分の様子が見えてくる。心の状態を正確に診断して、自尊感情を回復させることが可能になる。文章は自分の考えを写真に撮るのと同じことだ。

以下は、私が感謝ノートに書いた文章の一例だ。

2019年11月18日
悩んだ末、バービー（所属部署の部長）のそばまで行ってあいさつをした。よくやった！

2019年11月21日
勇気を出して、ホワイトボードまで歩いていって意見を書いた。えらい！
恐れを捨てたら、私もなかなか悪くない。

2019年11月22日

1週間が過ぎて金曜日だ。感謝する。叔母ファミリーと夕食を食べる約束をした。思いついたことを先延ばしにせず実践する私自身に感謝。

2019年11月25日

朝、出勤中に車のサイドミラーがたたまれていることに気づいた。どうすればいいかわからなくて夫に電話した。こんなまぬけな理由で電話をしても怒らない夫がありがたい。

---

2 心に上質な栄養素を補給する

整理整頓術で心のゴミ捨てをしたら、良質なものを補給しよう。専門家や経験豊富な人々の力を借りるのがおすすめだ。

まずは読書。本書を執筆しながら新たに気づいたが、文章は整理された思考の決定版である。話し言葉とは違い、文章は長時間かけて考えをまとめ、メッセージを修正して、精魂込めて磨き上げるプロセスを経た思考の産物だ。一冊の本が出版されるまでに（長年愛され続けている古典や世界的なベストセラーであればなおさら）作家は骨身を削るような精神修養の時間を過ごす。そんなふうに作り上げられた良書は自分の内面を深めるうえで大きな力となる。

必ずしも、自己啓発書や宗教本といったメンタルケアに関するものでなくていい。ときにはジャンクフードみたいな本が役立つことだってある。一気に完読しようとがんばる必要もない。**1章だけでも一段落だけでも、内容について考える時間をきちんと取りながら読むことが大切だ。**心の健康のための読書は受験勉強とは違う。スピードや分量は気にせず、ゆっくり着実に心を動かす運動をすることが重要だ。

次に、いい講演を聞くこと。知識共有と個人メディアがブームの昨今は、ユーチューブに良質な講演があふれている。特に、ＴＥＤ（アメリカの非営利団体が運営する講演会）、セバシ（韓国のキリスト教放送ＣＢＳの講演番組『世の中を変える時間、15分』の略語）などのチャンネルにはいい講演がとても多い。１週間に１、２本見て、じっくり噛みしめて心に刻みこむ練習をしてみよう。ただし消化する余裕もないのに何本も見てしまうと、自分が怠け者で意気地なしのように思えて自責の沼にハマるという副作用がある。ほどほどに見て、考える時間を多めに設けるほうがいい。

ユーチューブのアルゴリズムがどんな動画をおすすめしてくるのかをチェックしてみてほしい。自分がこれまでどんなものを主に見ていたのかがわかる。

「知的な力が足りないと、自分の不幸を拡大解釈してしまう。だから勉強しなければならない」というキム・ミギョン講師〔ユーチューバー。チャンネル登録者数150万人以上の「MKTVキム・ミギョンTV」で、仕事や夢、経済問題、恋愛などについて講義を行っている〕の言葉に1000パーセント同感だ。

ゴミの分別にも学習が必要だ。リサイクル品と生ゴミ、家具、電化製品は、大きさや形、材質がそれぞれ異なり、捨て方も違う。同じように、心のゴミを処理するときも知識が要る。もし知っている単語が〝うつ病〟しかなかったら、あらゆる負の感情をうつ病として処理してしまうかもしれない。精神医学が発達していなかった時代は、心の病気はすべて〝狂気の沙汰〟とみなされたり、臓器の病気は何もかも〝腹痛〟と呼ばれたりした。

メンタルを強くするには、本を読んだり講演を聞いたりして、心の状態を表現する語彙力を高めていくことが大切だ。

3 楽しみを分散させておく

私たちは誰もが、さまざまな存在として生きている。私はデザイナーでありながら母であり、妻であり、娘であり、嫁であり、友達だ。また、誰かにとっては顧客であり、雇用者で、町内のご近所さんで、インターネット上ではブロガー、これらのすべてが〝私〟だ。

いろいろな顔を持って暮らし、楽しみをあちこちに分散しておこう。そうすれば、楽しみの強度が上がって総量も増える。自分の感情ばかりに意識が向いていると傷つきやすくなるが、別の顔を持っていればリスクを分散でき、傷ついたとしても立ち直りが早くなる。

最近、マルチペルソナや副次的キャラクター〔いくつもの顔を持ち、違うキャラクターとして暮らしていくこと。もともとはゲーム用語だったが、バラエティ番組をきっかけに流行した〕という言葉が流行しているが、これも同様の試みだ。私は「ＥＫのキャリアノート」というブログを運営し、副次的キャラ〝ＥＫ〟として活動する楽しさにすっかりハマっている。現実では会うことのできない人々をＥＫは大勢知っている。私の日常の人間関係は限定的なのに、ＥＫはシンガポール、香港、中国、オーストラリアなど全世界の人々とコミュニケーションを取っている。私は自分を前に出すことをあまり好まないが、ＥＫはとても厚かましく図々しい。ＥＫが活力をもたらしてくれるので、自尊感情が高まり、楽しさの指数が上がった。副次的キャラのポジティブなパワーのおかげだ。

自尊感情とは、心の筋肉のようなもの。筋トレで体を鍛えるときと同じように、心を鍛えるためにも時間と努力が欠かせない。長く耐え抜くパワーをつけるために、自分に合ったトレーニングで自尊感情を高めていこう。

人間関係のストレスから自分を守る方法

職場のストレスの80％は、人間関係によるものではないかと思う。職場にかぎらず、ストレスのほとんどが人との関係から生まれる。人間が社会的動物である以上、避けられないことだ。人間関係について書こうと決めたものの、何度も迷った。人それぞれ置かれた状況があまりにも違うし、私はそれほど処世術に長けているわけでもなく、妙案があるわけではないから。でも、〝ストレスマネジメントの方法〟についてはぜひお伝えしたいことがある。

会社員の退職理由調査では、常に「上司や同僚との衝突」が上位圏に入っている。私も25年間、かなりたくさんのおかしな人々に出会った。さまざまな会社で働いた結果、**「どこに行っても変な人はいる」**というのが私の結論だ。私も他の誰かにとっては変な人かもしれない。

月給は「技術と専門性に基づいて職務を遂行する能力」に対して支払われていると誤解されがちだが、そうではない。「成果に対する報酬」だ。成果を出すには、自分だけがうまくやればいいというものではなく、周囲の人々と協力して働く必要がある。つまり、月給は「他人と一緒に働くときに消耗するエネルギーや時間、感情労働の対価」というわけだ。そのうち、50%以上を占めているのは〝感情労働の対価〟ではないだろうか。上司や同僚のせいで生じるストレスは、すなわち、お金を稼ぐストレスなのである。お金を稼ぐというのは本来、大変なことだ。

人間関係のストレスに対処する、私なりの方法は2パターンある。1つは「自己暗示」をかけること、もう1つは「状況終了」という方法。この2つに共通しているのは、自分でコントロールできるという点だ。長年、人間関係に思い悩みながら気づいたのは、**「他人を変えるのは不可能」**だということ。不可能なことを可能にしようとあがくと、怒りや恨みが生じる。そんなふうに過ごすよりも、自分にできること、自分が変えられることに力を注いだほうがいい。

◆自己暗示をかける

1.「私は自分の職業を愛している」。

これが最も重要なポイントだ。ストレスに打ち勝つには、仕事がもたらすやりがいと楽しみがなければならない。もし仕事がおもしろくないなら、今の業種が自分に合っているのかどうかをまず見つめ直してみる必要がある。

2.「今の会社は、やりたい仕事を実現する多数のオプションの中の1つに過ぎない」。

会社と人生を同一視しないこと。あなたはいつでも羽ばたくことができる。勤め先の言いなりにならないためには、ここじゃなくてもお金は稼げるという自信と能力が必要だ。耐えるしかないというのと、耐えることを選択するということには大きな差がある。

3.「会社は労働を提供してお金をもらう場所に過ぎず、何かを教えてもらう場所ではない」。

教えてもらうことが目的なら、学校やカルチャーセンターに行こう。

4.「他人に大きな期待をしない」。

多くの場合、期待が失望を生む。はじめから期待しなければ、失望することもない。上司が自分より多くのことを知っているだろうという期待、役員ならそれなりのビジョンを抱いているだろうという期待、開発者は自分の仕事を知り尽くしているはずだという期待……。こうした期待は抱かないほうが精神衛生上いい。

5.「〝ここで学ぶことはない〟という言葉は、自分の学習能力が足りないという意味でもある」。

学ぶというのは能動形の動詞だ。おのずと「学ばれる」ことはない。同じ場所で同じ経験をしても、学びを得て成長する人とその場で足踏みばかりしている人がいる。うっぷん晴らしやヤケ酒が必要なときは1日限定にして、次の日からまた前進しよう。

6.心の整理整頓術（92頁）で、その日の感情を仕分けする。会社で傷ついたこと、イヤだった言葉、あるいはうれしかった言葉を分類し、捨てるものはすぐに捨てて、とっておくものはじっくり噛みしめて自尊感情を高める。あなたは大切な存在だから。

◆状況終了

自己暗示がうまくいっていても、聖人君子でもないかぎり耐えられない限界がやってくることがある。どうしても許せない〝極端に嫌なポイント〟は人によって異なる。夕食のとき、中学生の双子の娘にいちばん嫌いなタイプの人を聞いてみたら、ヘナは「ネガティブな人」、ユナは「遠回しに話す人」だという（考えたこともない答えだった。斬新だ。ふふ）。

私は怒鳴ったり、皮肉を言ったり、悪ふざけをしたりする人はうまくかわすことができる。そんな相手と話すときは、コメディ映画を観ているつもりでやり過ごす。一方、どうしても許せないのは、話を遮られること。気になることは尋ねなければ気が済まず、話したり書いたりしながら考える習慣を持つ私のような人間にとって、「黙ってじっとしていろ」という言葉は、息をするなと言われるようなものだ。私はおせっかいで、他のみんなが面倒だとか怖いからという理由で見て見ぬふりをしていることにあえて切り込んでいくタイプ。それは、私を現在のポジションまで引き上げてくれた長所であると同時に、その速度を遅らせた短所でもあった。

この25年間に、上司が理由で職場を変更したことが二度ある。一度は退職を選び、もう一度はチームを異動することによって状況を終了した。

人生においては、どちらのほうがいいかという選択ではなく、どちらなら耐えられそうかという選択を迫られることがある。会社に残ってダメ上司に耐えるのか、退職して荒野をさまようのかを選ぶように。このまま耐え続けても魂が削られるだけだと判断したら、さっさと「損切り」をしたほうがいい。耐え抜く根性も重要だが、状況に合わせて断ち切る勇気と判断力も重要だ。それは負けではなく、放棄でもない。自分を守る方法だ。

ときどき「きみ、変わったね」と怒る人がいる。実際は、その人が変わったのではなく、自分が知らなかったことを知っただけなのに……。円筒は上から見れば円形だが、横から見れば四角形だ。自分でも自分のことがよくわからないのに、他人のことを何もかも知ることなんてできない。**人を判断しようとするのをやめよう。人間関係において可能なのは、自分をコントロールすることだけだ。**

ネガティブ思考から抜け出す7つの方法

他人の目や評価を気にしすぎて、劣等感やネガティブ思考に苦しんでいる人が多い。私もそうだった。生まれつきの気質や育った環境、現在の状況が悩みを作り出す。幼い頃に抱いていた劣等感を今ではそれなりに克服できたように思うが、トラブルが発生したときに自分を責めるクセはまだ残っている気がする。「私がいけなかったんだ」という考え方は、社会生活においてマイナスに作用することが多いので、直そうと努力している。

もがけばもがくほど深みにハマる泥沼に足を取られ、泡のように消えてしまいたくなるような時間を過ごし、出口の見えない真っ暗なトンネルを通り抜けた。そんな日々をどんなふうに乗り越えたのかを振り返ってみる。私のエピソードが、もしかしたら誰かの役に立つかもしれないと願いながら……。

1 空き時間を作らない

まずは、忙しく過ごすこと。時間に余裕があると、雑念が増える。その隙を与えないように、大掃除を始めたり、ショッピングをしたり、映画を観たりする。私は自分の怠けグセを知っているので、講演やミーティングの予定を入れたり、いつまでに何をすると約束をしたりして、未来の自分が逃げられないように先手を打つ。1人で決めるだけでは失敗に終わることが多いので、なるべく他の人々にも知らせておく。

2 ネガティブ思考を認識する

ネガティブなことが頭をよぎった瞬間、自分がネガティブ思考になっていると認識することが大切だ。そして、自己憐憫や現実逃避、自己欺瞞、自虐などにつながらないように警戒する。どん底に落ちていると感じたときは、幽体離脱のようなイメージで、体から抜け出して自分を上から眺める想像をしてみる。すると「あんなところにいてはいけない……」と自分を救い出そうという気持ちが芽生えたり、実はどん底ではなく浅い溝にいるだけだと気づいたりもする。

3 他人の言葉に大きな意味を持たせない

自分を傷つける相手をよく観察してみると、彼らも不安定で痛みを持つ人々であることがわかる。また、あれこれ出しゃばっておせっかいをしてくる人のほとんどが、実はこちらの人生に対して関心がないということもわかってくる。聞き流す練習をしてみよう。これが上手になると、生きるのがずいぶん楽になる。あなたの心をかき乱す相手とは縁を切るか、なるべく距離を置いたほうがいい。

4 過去との戦いに勝つ

過去のトラウマに苦しめられることがある。特に、幼い頃に親から受けた傷によって、今も苦労している人は少なくない。私も年を重ね、自我の実体を知るにつれて、過去の亡霊がしつこく現在の自分を縛っていることに気づいた。忘れようとするとか、気にしないようにするだけでは解決しない。絶対的な意志の力が必要だ。「過去の傷に現在の自分を破壊させるもんか」「昔の偶然の不幸に、人生を台無しにされないようにしよう」「自分の人生は自分で守るんだ！」という強い意志。多くの努力と訓練が必要だが、私も長い時間をかけて過去から自由になった。

5 日記を書く

振り返ってみると、日記が自分を守るために大きく役立ったと思う。中学1年生から大学卒業まで書いていたから、考え方や自我が確立される時期に書き続けていたことになる。漠然とした感情を文章に書いてみると、思考がはるかにクリアになり、どれほど無駄なことで苦しんでいるのかが見える。そして、書き溜めた後で読み返してみると、同じ心配や悩みを繰り返していることがわかり、思わず叫んでしまう。

「うわぁ、もう悩むのはやめよう！　前進！」

6 旅行をする

日常に埋没しすぎないよう、旅に出る。コロナ禍前は、金曜日の夜に思い立って週末旅行をすることも多かった。いろいろな場所をめぐっていると、おのずと謙虚な気持ちが芽生える。壮大な自然を前にすると、どんな憂いも小さく感じられるし、人が生きる姿を見ながら自分の人生を省みたり、もっと一生懸命生きようという気持ちになったりする。がんばってお金を稼いで、いろんなところに旅しようと考えるのも楽しい。

7 運動する

運動はメンタルヘルスの強い味方だ。身体的に元気になるのはもちろん、運動に集中している間は雑念が消える。地道な運動は自信回復にも役立つ。

誰もが知っていることを最後に入れたのは、わかっているくせにやらないから……。私自身に向けた言葉だ。運動しよう。

まだ何をしたらいいのか
わからないなら

娘のユナが小学3年生の頃、音楽の時間に習ったメロディオンを気に入ってよく弾いていたので、電子オルガンを購入した。まだあまり楽譜も読めないのに鍵盤を叩くユナが不思議だったが、性格に合っているのだろうなと気づいた。

ユナは規則性があるものを楽しむ。完璧主義なところがあり、自分がやったことの結果が予測可能なものを好む。たとえば数学。公式があって、習った通りに解けば答えが出る。正解もはっきりしているから、答え合わせや復習もしやすい。

そんな観点から見ると、ピアノは数学によく似ていた。楽譜には決められたルールがあり、音符や記号に従って鍵盤を叩けば、予想通りの音が出る。初心者レベルなら想像力もそれほど必要ない。きちんと弾けばきれいな音が鳴り、間違えれば違和感のある音が鳴る。つまり、ユナは習ったこともない電子オルガンを演奏できる天才というわけではなく、鍵盤楽器が性に合っていたというだけのことだ（我が子に音楽的な才能があると勘違いしてしまうケースが多い）。

一方、双子のヘナは創意的なことが好きだ。文章を書いたり、絵を描いたり、ミュージックビデオを作ったりといった作業。A4用紙に1枚程度でいい課題であっても、すらすらと3～4枚書く。小学校4年生のとき、「ハムスターの1日」という作文を書いたことがある。夜中にケージから脱出し、キッチンとリビングを探険して、眠る家族を眺めた後、再び何事もなくケージに戻って、ヘナにグッドモーニングのあいさつをする様子がハムスターの視点から書かれた興味深い短編小説だった。地球は丸いと先生が言えば、手を挙げて「地球はデコボコしている」と自分の意見を言う賢い子でもある。

私は娘たちが自分の気質や性格に合った職業に就くことを願っている。自分に合った仕事は楽しい。楽しめる仕事はうまくいく。

いつだったか、社内でアイデア会議を楽しんでいたら、奇妙なものでも見るような目で私を眺めていたチームメンバーにこう聞かれた。

「仕事が楽しいんですか?」

私はそうだと答えた。すると、おもしろい言葉が返ってきた。

「つまらない仕事をする対価として給料をもらっているのに、仕事が楽しいだなんて! お金を払って会社に通わなくちゃいけませんね」

その通りだなと思う一方で、悲しい言葉だなと思った。つまらない仕事をする対価だなんて……。


グーグルに入社後、私はUXデザイナーが本当に自分に適した職業なのかどうか悩んだ。プロジェクトを進めるうえで、ひっきりなしに議論や説得、チーム間の駆け引き、すり合わせなどを行わなければならないという点が性に合わない気がした。交渉の末に勝つことを楽しめるタイプの人もいるけれど、私は〝緊張感〟を味わうのが好きではない。スポーツも生中継を見るより、勝敗を知ってからのんびり振り返るほうが好きだ。もしUXデザイナーがさらに交渉業務の多い職業だったとしたら、私はすぐに辞めていたと思う。

以前勤めていた会社を辞めるとき、ある後輩から、10年後もＵＸデザインの仕事を続けていると思うかと聞かれた。私は人間について知りたいことが多い。人間の内面を構成する心理への好奇心が強く、それが外に表れたときの行動や、人間を幸せにするもの、大衆を動かすものについて調査する仕事を楽しんでいる。人を観察し、新しいものを作って反応をテストする。特定の集団だけが異なる反応を示した場合はその理由を調べ、修正を加えて再びテストをして、社会的・環境的・認知的な影響を調べるといった仕事がおもしろい。

自分にぴったりの仕事だとは思うが、10年後もデザイナーという名の職業に就いているかどうかはわからない。ただ、「人間を知っていく仕事」をしていることは間違いないと思う。それがウェディングプランナーになるか、旅行ガイドになるか、文化センターの講師になるかはまだわからないが……。

どんな職業に就くか、どんな会社に入社するか、どんな事業を始めるかを悩む前に、まずは自分がどんな気質を持っていて、どんな性格なのかを知ることのほうが大切だ。自分のことをしっかり把握できていれば職業の選択がスムーズになり、幅もぐんと広がる。ただし、得意なことや好きなことにこだわりすぎてはいけない。重要なのは、「自分はなぜそれが好きなのか？　なぜ得意なのか？」を正確に把握することだ。

何をすればいいのかわからずに悩んでいるなら、幽体離脱をして、外からの視点で自分を眺めてみよう。

仕事のおもしろさについて誤解のないように言うと、働きながら10％でもおもしろいと思えるのであれば、それは自分に合った素晴らしい職業だと思う。

私が考える理想的な職業は、10％がおもしろさ、60％が淡々とこなせること、30％がやりたくないけれどやっていることで構成されているもの。おもしろさがたった10％しかない仕事をなぜやっているのかって？　1週間に40時間働くとしたら、そのうちの4時間だ。1週間に4時間も本気で仕事がおもしろいと感じたことはあるだろうか？　1週間に4時間、本当に楽しくて幸せを感じながら働いているのなら、あなたは素晴らしい職業に就いている。大半の人々が4時間の幸せを感じられず、満たされない気持ちを抱いている。もし40時間ずっと楽しめる仕事を探しているのだとしたら、早く目を覚ますべきだ。

CHAPTER

3

もっと上手くやりたいのに能力が足りないと感じるとき

世界最高の天才たちと働きながら学んだスマートな仕事術

数字だけではわからないことも多いが、数字の意味を深掘りしたり、数字の外にある世界を知ろうとしたりすることは少ないようだ。

私は単純に数字だけで判断する思考方式は手抜きであり、危険だと思っている。

その数字が持つ意味と数字以外の要素を組み合わせて、センスメイキングな意思決定を下さなくてはならない。

しかし、この洞察中心の意思決定には長い時間と緻密な作業が求められる。

そのぶんコストもかかる。

すべての企業が求める最高の能力とは？

新型コロナウイルスの影響で、多くの企業が２０２５年体制に切り替わったという。コロナがなければ5年はかかったと思われる変化がいきなり到来した。世間が右往左往している間に、動きの速い企業は２０２５年へと一気にジャンプしたのだ。

コロナ禍が収束しても在宅勤務体制を永続的に維持するという会社もあり、コロナをきっかけに新たな可能性を経験した人々は、以前の働き方には戻らないだろうともいわれている。

そんななか、世界経済フォーラム（ＷＥＦ）は、〈２０２５年に世界で求められるスキルＴＯＰ15〉を「仕事の未来レポート２０２０」の中で発表した。

1. 分析的な思考とイノベーション
2. 能動的学習（アクティブラーニング）と戦略的学習力（ラーニングストラテジー）
3. 複雑な問題の解決能力
4. クリティカルシンキング（批判的思考）と分析
5. 創造力、独創性、推進力
6. リーダーシップと社会的影響力
7. テクノロジーの使用能力、理解度、熟練度
8. テクノロジーデザインとプログラミング
9. レジリエンス、ストレス耐性、柔軟性
10. 推論力、問題解決能力とアイデア開発
11. 感情的知能（こころの知能指数）
12. トラブルシューティングとユーザーエクスペリエンス
13. サービス志向
14. システム分析と評価
15. 説得と交渉

――「仕事の未来レポート2020」世界経済フォーラム

これらの結果を見ると、〝問題解決能力〟に関する項目が最も多いことがわかる。就職活動中の学生から、よく聞かれる質問がある。どんな準備をしておくべきか、という内容だ。ＵＸデザイン業界を志望する学生からの主な質問は、ＵＸデザイナーとして就職するにはプログラミングを習得しておくべきか？　社内では主にどんなツールが使われているのか？　今後はどんな分野が人気となるか（拡張現実〔ＡＲ〕、仮想現実〔ＶＲ〕、人工知能〔ＡＩ〕、サービスなど）、専攻外からＵＸデザイン分野を目指すにはどんなデザインスキルを身につけるべきか、などなど。おそらく周囲の人々を見ながら、自分だけが後れを取っているような焦りと不安を感じているのだろう。

先日、パネラーとして参加したアメリカコンピュータ学会連合（ＡＣＭ）主催のパネルディスカッションでも同様の質問を受けた。

「デザイナーもコーディングの知識を持つべきでしょうか。賛否両論ありますが、どうお考えですか？」

「問題解決のためにコーディングのスキルが求められるのであれば、知識を持つべきだと思います。ＵＸデザイナーは技術者ではなく、問題解決者です。問題解決のために必要なクリエイティビティをどう伸ばしていくか、アイデアを上手に伝えるには何が必要なのかを考えないといけません。それは絵かもしれないし、ストーリーテリングかもしれないし、コーディングのスキルであるかもしれません」

企業は問題解決者を求めている。採用面接でメインとなるのは、応募者が問題解決に必要な力量——たとえば、思考力や洞察力、クリエイティビティ、チームワークやコミュニケーション能力——を備えているか、そして各分野の専門性をもとに、与えられた問題を解決できるかを判断することだ。ここで重要なのは、問題解決のスキル以上に、問題定義のスキルが求められるということ。問題をどう定義するかによって、必要な解決策は異なってくる。デザイナーには特に、問題発見のスキルが求められる。デザイナーならではの「人を理解するセンス」によって、消費者や製品、サービス、社会の問題を見つけ出すことが問題定義の開始だからだ。

面接は「問題発見—問題定義—問題解決」という3点をチェックするために行われる。前段階の準備ができていないのに、解決策だけを並べ立てるというやり方では合格の可能性が下がってしまう。短い時間の中で面接官が見ようとしているのは解決策ではなく（数分間で思いつく解決策なんて、たかが知れている）「3種のスキル」だからだ。

例を挙げてみよう。

「これまでで最も理不尽な要求が多かったクライアントについて教えてください。その要求にどんなふうに対応しましたか？」

こんな質問をされたら、みなさんはどう答えるだろう？　たいていは「以前、私が出会ったクライアントが……」と話し始めるだろう。

でも、思考をもう少し前の段階に戻そう。〝理不尽な要求が多いクライアント〟とは、どんなクライアントなのか？　まず、この部分を簡潔に定義する。

そして、話しながら思考を続けよう。「なぜそうなったのか？　原因は製品？　サービス？　企業イメージ？」などなど。特定のケースをどのように解決したかに焦点を当てるのではなく、理不尽な要求が多いクライアントが生まれる理由をはじめ、トラブルの再発を防ぐためにシステムをどのように改善すべきかまで、全般的に指摘する必要がある。

「プロジェクトが半分ほど進んだ時点で予期せぬトラブルが発生して、計画を変更した経験はありますか？　そのトラブルをどんなふうに解決しましたか？」

こんな質問をされたときは、まず内容を整理する。プロジェクトが中断される理由には、計画の変更、延期、キャンセル、経営陣の交代など、さまざまなものがあるため（ホワイトボードの使用が許された場合は、思考のプロセスを書きながら見せると効果的）、〝プロジェクトの変更〟を前提とした質問なのかどうかを面接官に改めて確認し、前段階を考えて、全体像をつかんでいることをアピールするといい。

「危機的状況において、ビルの利用者を外へ避難させる計画をデザインしてみてください」

かなり漠然とした質問だ。面接官も承知の上である。そのため、より具体化する作業をしなくてはいけない。たとえばビルの形態や入居者の規模、出口の形態や種類、大きさ、入居者の年齢層（高齢者施設かもしれないし、幼稚園かもしれない）などを明確に定義して、最適な解決策を提示する。面接会場のビルから避難することが前提であれば、デザイン時に必要な質問をして〝質問力〟を披露するのも1つの手。**いい質問をするのは、いい解決策を編み出すのと同じぐらい重要だ。**

視野を広げて、少し遠くを見てみよう。スペックだけで競争しようとすると、自分より優秀な人はいくらでも存在する。また、スキルやツール活用能力を自分の強みにすると、どれだけ優れていたとしても、もっと優れた誰かがすぐに現れる。そうなると、いつまでもスキルを追うだけで精一杯になってしまう。

企業は問題解決者を探している。問題解決のために考えることのできる人材を求めている。「あなたはクリエイティブな解決者ですか？」――この質問に対する回答を聞きたがる。参加したプロジェクトを年代記のように履歴書に書き連ねている人もいるが、それだけでは書類審査より先に進めなかったり、面接で落とされたりすることが多い。

どんな問題を発見し、その問題の原因が何であり、どのように解決したのか。〝問題発見〟と〝問題定義〟に注力しなくてはいけない。これらをおろそかにして、解決策を出すことだけに焦点を合わせると、企業側としてはわざわざ採用すべき人材なのか迷ってしまう。仕事のできる社員はすでに足りていたり、短期の契約社員やエージェンシーを雇用する形でも補えるからだ。

正社員の採用は、企業にとって非常に大きな投資であり、危険を伴う賭けである。

だからこそ、長期的な価値を創出して、成功へ導くことのできる頭脳を慎重に選ぼうとする。経済不況の中でも欠かせない唯一の投資は、問題解決者を探すこと。技術者ではなく、解決者にならなくてはいけないのはこのためだ。

グーグルの廊下に貼られていたポスターのキャッチコピーが印象的だったので、写真を撮って韓国にいる友達に送った。

「私たちが開発したものは、ゼロから生み出したものです。ですから、みなさんはそれをベースに開発を続けていけばいいのです」

グーグルだったら「今すでに世の中にあるものは全部、古くさくてダサいから、エイリアンと交信して完全に新しいものを作り出そう」とでも言いそうな気がするかもしれない。でも、肝心なのは、今あるものが古くさいとか、新しいものが必要だということではない。どんな問題を解決しているのかが核心となる。

既存のソリューションが今でも問題をうまく解決しているにもかかわらず、

それを古くさいと感じるのだとしたら、それは作った人間だけが抱く疲労感かもしれない。「今まで通りではなく、エイリアンと交信してでも新しいものを作らなくては」というプレッシャーは、作り手だけが感じるものだ。どんなときも、人（消費者、ユーザー、購買者……）に焦点を定めておくことを忘れてはいけない。現在の問題点は何なのか、その問題を引き起こす原因は何なのか、どのように解決すればいいのか。これ以外の試みはどれも、作り手の自己満足に過ぎない。

ビッグデータよりも強力な直観の力を育てる方法

２００５年、モトローラのデザイン部に勤務していたときのことだ。薄型携帯電話モトローラ レイザーが空前のヒットを記録し、デザイナーたちの士気も上がっていた。社を挙げて新たなヒット作を生み出すためのユーザー調査と戦略プロジェクトが大々的に実施された。なかでも「カラー（ＣＯＬＯＲ）」「素材（ＭＡＴＥＲＩＡＬ）」「加工方法（ＦＩＮＩＳＨ）」を分析するＣＭＦトレンド調査は世界的な規模で行われ、６カ月後にリポートが発表された。

「グリーンがトレンドです！」

それだけ？　来年の流行色が緑色だと知る（確かめる、あるいは、上層部を説得する）ためだけに、こんなに多くの調査・分析とデータが必要だったのか？

その頃、世間はすでにグリーンカラーの製品であふれかえっていた。かなり出遅れてしまい、市場をリードすることはできなかった。

最近は、「ビッグデータ」という用語を日常生活の中で耳にする機会が増えた。私たちの生活はネットワークにつながっていて、その行動履歴がビッグデータとして残る。このデータを分析し、結果に基づいて企業が経営判断や意思決定、将来予測などを行う「データドリブンによる意思決定」（ＤＤＤＭ：Data Driven Decision Making）がクールなトレンドになった。

ビッグデータを活用すれば、ターゲットや消費者の行動予測が可能となる。そこで、あらゆる種類の数字データ（メトリクス）や「重要業績評価指標（ＫＰＩ）」が組織の意思決定や目標設定に使用される。たとえばウェブサイトのクリック率、顧客満足度、日別アクティブユーザー、月間アクティブユーザー、バランススコアカード、プロジェクト進捗率など。数字データの情報量でいうと、トップはおそらくグーグルではないかと思う。

しかし、数字だけではわからないことも多い。数字を抜き出すのは簡単だが、その意味を深掘りしたり、数字の外にある世界を知ろうとしたりすることは少ないようだ。

私は単純に数字だけで判断する思考方式は手抜きであり、危険だと思っている。その数字が持つ意味と数字以外の要素を組み合わせて、センスメイキングな意思決定（Sense Making Decision：腹落ちする意思決定）を下さなくてはいけない。しかし、この洞察中心の意思決定には長い時間と緻密な作業が求められる。そのぶんコストもかかる。


2013年、私はクアルコムを退職して韓国に帰国し、サムスン電子に入社した。サムスンではプロジェクトリーダーとして製品企画を担当することになった。さまざまな企画案が出るなか、あるチームが新しいアイデアを提案した。可能性を秘めてはいるものの、それを後押しするインフラシステムをはじめ、発売後のサービスやソフトウェア・メンテナンスを要する、実現が難しいアイデアだった。

しかし、このチームは意見を強く主張し、既存の案とのA／Bテストを要求した。A／Bテストとは、2つの試案を作り、どちらがいいかを比較する実験だ。やらない理由はない。今回の製品には採用できないとしても、未来のために検討すべきアイデアだから、改善点を知っておくのも悪くないだろうという判断でテストを実施した。ところが……。

思いもよらない方向に物事が進んだ。社員のみを対象者にテストが実施されたこと、質問用紙と設計が違っていたこと、テストに使われた試作品が判断を曇らせるほど簡単に製作されていたことなどなど。テストはあっという間に行われ、すぐにレポートが公表された。

やはり、当初の予想に反する結果が出た。新しい案を選んだ人が8、既存の案を選んだ人が2。8対2という数字の力は途方もなく大きかった。私はなぜ今この案を採択できないのかを上層部に説明するのに苦労した。一度出た数字を打ち負かすのはとても難しい。

直観もまた、1つのデータである。直観こそ、最も高度化した知能かもしれないと唱える学者もいる。意識ではわからないことでも、直観ではわかるからだ。彼らの研究によれば、人間の脳に入った情報は10%だけが前頭葉（脳の前部で言語、思考、判断など高度な知的活動を受け持つ）の意識として吸収され、残りの90%は無意識の中に保存されるという。したがって、本能的な勘が働いたとき、それはとても多くのデータに基づいて発せられている。脳に入った情報の90%は、無意識の領域に保存されているからだ。直観は私たちが生まれたときから持っていたもので、積極的あるいは受動的に、生涯にわたって磨き上げてきた情報の賜物だ。さらに重要なのは、こうした情報にアクセスし、新しいものを連結して組み合わせる脳の能力によって、直観の力がさらに強まっていくということだ。

――アイビー・ロス（グーグル・ハードウェアデザイン担当部長）、『データとデザイン』より

直観とは、長期間蓄積されて鍛えられた〝勘〟だ。オーケストラ指揮者は、数年にわたって訓練された聴覚の勘を持っている。そのため、演奏中に数多くの楽器のうちどのパートがミスをしたのか、どの楽器の音が抜けていたのかすぐに気づく。訓練された料理人は卓越した味覚の勘を持っている。そのため、いろいろな素材が入った料理を食べるだけで、味付けに何が使われているのかを当てられる。

だとしたら、UXデザイナーにはどんな勘が必要なのか？　それはズバリ、感情の勘である。UXデザイナーは人の感情を取り扱う職業だ。消費者が何を感じているのか、どんな製品が、どんな文面が、どんな色がどのようなフィーリングをもたらすのかを知っていることが、デザインの成功を左右する。

そのため、UXデザイナーはデータの中に隠された感情の痕跡を勘によって見つけ出し、テストユーザーの感情を読み取らなくてはいけない。どんな物を買ったのか、どんな映像をどれくらい見たのか、どんな広告をクリックしたのかといったビッグデータだけでは、消費者に好感を残せたのかどうかわからない。好感こそが消費者を製品やサービスに惹きつける重要な要素だ。コスパや製品のスペック、有用性を打ち出すだけでは、競合他社の新製品にすぐ顧客を奪われてしまう。

大学生を対象に講演をすると、必ず聞かれる質問がある。
「大学生のうちにやっておくべきことは何ですか？」
社会生活や就職活動に必要なことを知りたいのだろう。そこで私は、2つのアドバイスをする。〝濃い恋愛〟そして〝とことん遊ぶこと〟。UXデザイナーに必要な勘を磨くには、感情の幅を広げることが大切だ。そのために、恋愛以上の経験はないのではないかと思う。

誰かを死ぬほど愛せば、感情の極みを目にすることになる。私ってこんなに幼稚で、弱気で、卑劣で、偏狭で、ウソが上手で、残忍な人間だったかな。私ってこんなに素敵で、勇敢で、おもしろくて、おしゃべりな人間だったかな。心臓がすくんで、頭が真っ白になり、手がぶるぶる震えて、泣いても泣いても涙が止まらない経験をしたことがあるだろうか。この人を救うために、あるいは、この人を殺すために、地獄の底まで追いかけていこうと覚悟したことはあるだろうか。感情の幅が広がると、他の人々の感情を読み取る勘が鋭くなる。

そして、思い切り遊んでほしい。一般的によく言われる、旅に出ようとかいろいろな経験を積もうという話ではない。（社会的規範の許す範囲内で）規格外のトラブルを起こしてみよう。悪さをしてバレるかもしれないとびくびくしたり、泣きわめいて謝ったり、お酒を飲んでバカ騒ぎをしたり、つかみ合いのケンカをしたり、罪を償う経験をしてみよう。

慣れ親しんだ安全な環境で、こんな感情を味わうのは難しい。旅に出れば、非日常な空間と時間が新しい経験をもたらしてくれるが、帰ってくるとすぐにいつもの自分に戻ってしまう。**勘を育てるには、あえて日常の中で型破りな経験をすることが大切だ。**

ビッグデータと人工知能の力が強くなればなるほど、人間が意思表示をすることが難しくなっていくのを感じる。それでも諦めることはない。人間が感情の動物であるという事実に変わりはない。**感情をしっかりキャッチできる勘を持った人は、未来に必要な人材だ。**自分のアンテナを磨き上げよう。

2014年、クリストファー・ノーラン監督のSF映画『インターステラー』を夫と観に行った帰り、意見がぶつかり合ってヒートアップした。この映画は、荒廃した地球を離れ、新たな居住地となる惑星を探して航行する宇宙飛行士たちを描いた物語だ。映画が終わってからも、マン博士と主人公クーパーの会話が頭から離れなかった。

「死が間近に迫る瞬間であっても、なんとか生き残ろうとするはずだ。子どもたちのために」

家族のために生きて地球に戻らなくてはいけないという強い生存本能が、超人間的なパワーを発揮させる大きな要だった。私は人間が持つ生存本能の神秘や超自然的な力についての意見を語った。ところが、工学畑の夫は、人間の生存本能すらロボットにインプットできると主張する。しばらく討論を続けた挙句、こんな結論が出た。

「付き合いきれない……！　あなたとはもう話したくない」

大学時代に必ずやっておくべきことに恋愛を挙げると、学生たちは恋愛が世の中でいちばん難しいと騒ぎ出す。

「付き合いきれない……！　あとは自分で何とかしてください！(笑)」

妥協を迫られても納得できる仕事をするために

商用化製品を量産する部署でデザインの仕事をしていると、「デザインとは果てなき妥協のプロセスであり、結果である」ということをいつも感じる。

毎回、骨身を削る思いで取り組んでいるが、製品が発売されてユーザーの元に届く快感を味わうと、その苦労をすっかり忘れてしまう（だからこそ第二子、第三子を産むことができるのだろう）。ネガティブなレビューがあったとしても、私はユーザーの実際の反応を見ることに大きな達成感を感じる。

仕事で妥協が必要になったときは、どこまで、何を、どのように譲歩すべきなのか、そして避けたほうがいいことは何なのか。妥協点を見つけるコツについてお話ししたいと思う。

やるべきこと

◆自社の収益構造を理解する

ザラで働いているのに「私たちはどうしてシャネルみたいな高級品を作れないんだろう」と悩んでいるとしたら、会社ではなく、自分がどんな会社に勤めているのかを把握できていない社員のほうに問題がある。30万ウォンのスマートウォッチを作るときに、数億ウォンを軽く超えるパテック フィリップの時計を引き合いに出すのは、目的地を間違えてさまよっているようなもの。ファストファッションの会社に勤務しているなら、自社製品のポジショニングと消費者層を狙ったデザインを生み出すことが最も重要だ。高級品のデザインをしたいなら、ラグジュアリーブランドに転職したほうがいい。

グーグルやフェイスブックの主な収入源は広告である。一般ユーザーが支払うお金でビジネスが回っているわけではないから、全面的に広告主が優先されるのは当然だ。高級感のある精巧な出来ばえより、クリック数を増やすためのアルゴリズムが重視される。

戦略的妥協のためには、何よりも自分の勤務する会社がどういう仕組みで収益を得ているのかを知っておかなくてはいけない。**会社のビジョンが自分の哲学とどこまで一致するか、それが妥協のスタートラインになる。**

◆全体像をつかむ

製品企画から発売後の顧客管理に至るまで、UXデザイナーが関与しないプロセスはない。広告や説明書、アフターサービスセンターなど、ユーザーエクスペリエンスに影響を及ぼさないものはないから、この世で最も出しゃばるべき職業はUXデザイナーではないかと思う。だからこそ、部分的なデザインだけでなく、全体的な流れを把握しておきたい。

携帯電話の機能の中で、問題になりやすいものを選ぶとしたら断然「設定」アプリだ。Wi-Fiの設定が違っていたとか、機内モードになっていた、通知設定がオフになっていたのを故障と勘違いしたなど、設定が原因でサービスセンターを訪れるユーザーはかなり多い。この問題に対する解決策として、「設定項目の配置を自由に変えられるようにしてはどうか」というアイデアが出たことがある。よく使われる項目はせいぜい10個程度だから、その並び順や位置をユーザーが自分で動かせる仕組みにしようというわけだ。

しかし、この案は結局、実現しなかった。アイデアそのものが悪いわけではなく、発売後にお客様サポートセンターを運営する費用が数倍に膨れあがるからだ。このようなユーザー設定機能はコールセンター(外注となることが多い)のオペレーター教育に追加費用がかかるばかりか、ユーザーが変更を加えた画面の状況をオペレーターが把握し、問題点を解決するまでに時間がかかる。通話数と時間が増えるほどかかる費用も増え、得より損のほうがずっと大きくなる。

こうした制約があるにもかかわらず、デザイナーがユーザビリティ(使用性)を強調してゴリ押しすれば、会社に損害を与えることになりかねない。

◆優先順位をつける

製品開発プロセスにおいて、全員が満足していて、まったく何の問題もないという状況はあり得ない。解決すべきイシューに優先順位をつけて、一緒に働く人々と意見のすり合わせを行い、落としどころを探っていく。では、どんなふうに優先順位を決めればいいのか? 私は、次のようなポイントを基準にしている。

1　頻度。どれくらい頻繁に発生する問題なのか？
2　可視性。ユーザーにどれほど露呈しやすい問題なのか？
3　致命度。ユーザーが一瞬イラッとする程度の問題なのか、製品の交換や返金を要求されるレベルなのか、法的な問題になる恐れがあるほどなのか、ブランドイメージに致命的な影響を及ぼす問題か、消費者の製品理解度や初期セッティング、購買を妨害するイシューなのか、など。

こんなふうに基準を決めておくと、問題の大小がはっきりして、自分の主張の根拠が明確になる。その結果、お互い納得できる妥協点を見つけやすくなる。

やらないこと

◆我を張ってはいけない

自分と同じように、一緒に仕事をする相手にも立場というものがある。自分だけが正しいと思い込んでしまわないように、いつも気をつけておきたい。開かれた心でさまざまな意見を聞いて、自分の意見を調整していこう。

また、**小さな問題にこだわりすぎると、大きな問題を見逃しがちになる。**これを防ぐには、優先順位をつける基準と明確な理念を持っておくことが大切だ。

もちろん、どうしても譲れないことであれば、強く自己主張したほうがいい。そんなときのためにも、無駄なこだわりは捨てるべきだ。**「この人がここまで主張するからには、それだけの理由があるはず」という印象を植えつけておこう。**

「はぁ。あの人、いつも頑固なんだよね。疲れるなぁ」

相手にこんなふうに思われていると、妥協点を見つけるのが難しくなる。

◆敵を作らないようにしよう

意見のすり合わせをしているうちに、つい感情的になってしまうことがある。口調がとげとげしくなったり、揚げ足を取るようなことを言ったり、しまいには問題を解決するという目的より負けたくない気持ちのほうが大きくなって、口ゲンカに発展してしまうことも珍しくない。

しかし人望と人脈は、キャリアの成功における基本中の基本だ。製品がヒットしなかったのなら次の仕事で挽回すればいいが、壊れた人間関係を修復するのはとても難しい。今後のプロジェクトでも同じメンバーと力を合わせることになるかもしれないし、良好な関係を保っておきたい。自分1人だけでできることは限られている。

敵を作ってはいけない。みんなが願っているのはプロジェクトの成功であって、誰かと争って勝つことではない。**勝つことにこだわる人もたまにいるが、そういう人にはあえて負けて、自分の道を歩もう。長い目で見れば、そのほうが自分のキャリアにとって有益だ。**

◆落ち込んでいるヒマはない

どんな担当者も、自分が関わっている製品、自分がデザインした機能、自分のアイデアが形になることを望んでいる。そのため、製品開発が中止になったり、デザインが見る影もないほど変更されたり、アイデアが不採用になると、ひどく落ち込んでしまうことがある。

でも、気を落とすことはない。重要なのは自分がその過程で何を学び、今後のプロジェクトにどう活かしていくかということ。**仕事がうまくいかなかったとしても、自分の成長につなげることはできる。それなら成功だ。**

同じプロジェクトを手がけても、成長する人と落ち込みから抜け出せなくなってしまう人がいるが、その選択は自分にかかっている。

今この瞬間も妥協と意地の間で戦っている、すべての人々の健闘を祈る。

娘が小学4年生の頃、道徳のテストを復習する宿題をしていたときのこと。自分が選んだ3番が正解ではないことには納得したが、なぜ2番が正解になるのかわからないと助けを求められた。私もどうして2番が正解なのか理解できなかった（そもそも道徳のテストに正解があるということ自体がおかしい）。私は「なぜ2番が正解なのかよくわからない」と書くか、「3番を正しいと思った理由」を説明してはどうかと提案した（私は中学時代、道徳のテストでときどき「答えはない」と書いたり、解答を2つ記入したりすることがあった。本気でそう思っていることもあれば、出題者が求める正解に同意しないという意思を示すためにわざとそうしたこともある）。

完璧主義者の娘が私の役立たないアドバイスにむくれてしまったので、夫にSOSを出した。夫が説明した。

「さあ、見て。1番じゃないだろう。2番はよくわからないよな。3番、4番でもない。だから2番が答えだ」

娘はパパの説明に満足した。正解だから正解なのではない。他の選択肢が正解ではないから、最も可能性が高いものが正解なのだ。

330万通の履歴書の中で、自分を目立たせるには

会社員生活の節目節目で、大切な教えを授けてくれたありがたい方々がいる。その中で最初に学んだ教えは、2013年にサムスン電子の入社オリエンテーションで聞いた、ある役員の言葉だ。スカウトを受けて中途入社した社員向けのオリエンテーション初日。その役員は、40分間の熱気あふれるスピーチをこんなふうに締めくくった。

「サムスンマンになろうとしないでください。サムスンマンはすでに大勢います。サムスンマンになった瞬間、みなさんは〝one of them〟になってしまうのです。そうなれば、私たちがみなさんを選んだ理由がなくなってしまいます。では、グッドラック！」

（サムスンマンになる覚悟を決めて入社した私にとっては、完全に予想外であり、人生最高のアドバイスだった。わぁ、ここに来た甲斐があった！）

「自分はなぜ他のみんなと違うんだろう。どうしてみんなと同じようにできないのかな」と悩み、いい結果を出したくて、ときには目立ちたくないという理由で、周りの人々の真似をしていた時期がある。ちゃんと同じようにやったのに、思うような結果が出ないことが多かった。人並みの成果を出せることもあったが、鎧を着てマラソンを走ったような疲労感に襲われた。本来の自分の姿ではないのだから無理もない。

私たちはそれぞれ、自分だけの色を持っている。自分を鍛えて磨き上げながら生きていたとしても、オリジナルの色をなくした瞬間、自分ではなくなる。

企業は多様な人材を求めている。クリエイティビティを要する業種であれば特に、多様な人材を取りそろえていることが企業の競争力を決定づける。今の時代、似たような結果を出す仕事であれば、あえて人間がやる必要もない。

ときどきグーグルの採用業務に参加することがある。2019年に届いた履歴書は330万通だった。多数の応募者の中で合格通知を受け取るのは、自分ならではの

カラーを持っていて、それをうまく見せられる人だ。（私が実際にやった「書類選考を有利に進める方法」は290頁へ）

キャリアに必要なのは、自分の専門分野で通用する必殺技だけではない。それぞれが持つ個性も強みになる。まとめ上手な人、リーダーシップがある人、周囲を楽しませる人、話術に長けた人、励まし上手な人、よく笑う人、思いもよらない想像をする人など、誰にでも自分ならではの色がある。自分をしっかり見つめて、どんなカラーを持つ人間なのかを知り、くすみを取り除こう。本来の色をくっきりと美しく際立たせれば、石ころが宝石に変わる。

ヌーグラー（Noogler = New Googler／グーグル新入社員の愛称）から、どうすれば早く適応できるかと質問されることがある。そんなときは笑って、こう答える。
「グーグラーになろうとしないようにね。ヌーグラーのままでいれば成功できるよ。グッドラック！」

グーグルで経験した5つのカルチャーショック

グーグル入社時、1000人以上のヌーグラーが参加する、大規模なオリエンテーションに出席した。

「私たちが開発したものは、ゼロから生み出したものです。ですから、みなさんはそれをベースに開発を続けていけばいいのです」

「問題の裏に隠れている真の問題を見つけ出して、素敵な方法で解決してください」

「現状やライバルを追うのは時間の無駄です」

グーグルのスケールと価値が感じられ、誇りが芽生える社員教育だった。オリエンテーションの終わりには、全員がヌーグラーハット〔新入社員に配られるプロペラ付き帽子。赤、黄、青、緑のグーグルカラー〕を放り投げて、新たなスタートを切った。

私が所属する「検索とアシスタント（Search & Assistant）」は、グーグルの中枢である検索サービスと人工知能アシスタントを開発する部署だ。グーグルで経験した新鮮なカルチャーショックをご紹介したい。

1 全社員参加のミーティング「TGIF」

TGIF（Thank God it's Friday：神様、金曜日をありがとう）は、グーグルの全社員が参加して、さまざまなことを話し合う時間だ。その名の通り、金曜日の午後に開催されていたが、会社の規模が大きくなると、タイムゾーンが異なるエリアの社員を考慮して木曜日に変更された〔近年、開催頻度は減少している〕。

このミーティングがとても軽快でおもしろいということに、私はカルチャーショックを受けた。さらに目新しかったのは、グーグルの共同創業者であるラリー・ペイジとセルゲイ・ブリンが司会をするという点だ。2人はバラエティ番組を進行するときのようにふざけ合い、お互いを〝ディス〟りながら、リラックスして愉快なトークを繰り広げた。ついさっきまでガレージで何かを作っていた人みたいに、カジュアルでエネルギッシュだった。

ラリー・ペイジとセルゲイ・ブリンはグーグルを「一緒に楽しく働ける会社」にしたかったという。グーグルのお茶目なロゴは、この創業精神にぴったりだなと思った。自ら楽しんでエキサイトするエネルギーがとても新鮮だった。大企業のＣＥＯというと、常に落ち着いていて、いつも何かに腹を立てているような、社員とは違う雲の上の存在だと思っていたが、ラリーとセルゲイの漫談はこんな固定観念を覆してくれた（2人が引退して、もうトークが見られなくなったのが本当に残念だ。企業の創業者に会うと、いつも新たなインスピレーションをもらえる）。

2 何でも聞いてください「Ｄｏｒｙ」

ドリー（Ｄｏｒｙ）は、グーグルのミーティングで使用される社内ツールの愛称だ。社員はドリーを使って、経営陣への質問を入力することができる。匿名でも可能だが、ほとんどが実名だ（匿名で投稿しても特定が可能だから）。質問は社員投票で「いいね！」が多い順に自動で並び替わり、ミーティングの最中にも投稿される。

質疑応答の時間になると、このドリーの画面が全員の前に表示される。驚いたのは、シビアな質問が多いということだ。ニュースで取り沙汰されているグーグルの問題点や社会のさまざまなイシューについて、グーグルの立場や責任を問う辛らつな質問が寄せられる。オープンな空間にリアルタイムで質問が投稿されるため、経営陣は口裏を合わせる時間もなく、順番通りに答えていかないといけない。国会答弁をほうふつとさせるような緊張感が流れることもある。ここできちんと答えられなかったり、ごまかしたりすると、失望した社員は他社へ移っていく。シリコンバレーでは、会社より社員の立場のほうが強いのではないかと感じる瞬間だ。

3 オープンな社風と透明性

グーグルでは、ほぼすべての文書がサーバーに置かれている。作業もクラウドを通じて行う。会社のシステムにアクセスさえすれば、どこのパソコンからでも業務が可能だ。そして、大部分の文書は基本的に〝共有〟される。最近は情報の流出が増えたせいで、少しずつ変わってきてはいるが、勤務年数の長い社員の話によると、かつてはほぼすべての文書を誰でも開くことができたという。

開放的な社風を実感したエピソードがある。世界的な景気後退によって膨らんだ支出を減らすべく、人事チームが「緊縮財政報告」の文書を作ったが、これが公開されて社員の感情を逆なでしたことがあった。福利厚生費を削減し、昇進の規模を縮小して、物価が安い地域の採用を増やすといった非常にセンシティブな内容だった。TGIFの際、ドリーに会社の立場表明を要求する質問が投稿された。人事担当の役員がステージに上がり、一部始終を説明して謝罪した。

しかし、社員の怒りは収まらなかった。続いての質問は「社員の福利厚生を減らしてはした金を削減するのではなく、CEOの月給を1%減らそうとは思わなかったのか?」という内容だった。CEOが直々に答えなくてはいけない質問だ。サンダー・ピチャイ〔グーグルおよび、持株会社アルファベットのCEO〕は落ち着いて答えた。私が一度も聞いたことのない(アメリカで私が勤めた他の会社でも経験がない)会話が飛び交った。

グーグルの社員は、会社が何かを隠そうとすると憤慨する。そしてその怒りを堂々と示して、変化を要求する。これこそがまさにグーグルの力ではないだろうか。

4 自発的な共有と協力

グーグルの社員は、指示されていない仕事をすることが実に多い。興味を持ったテーマについて、膨大なプロジェクトを自ら進めてリポートを作成することもある。

一斉メールで〝Z世代〟を研究したというリポートが送られてきたり、美容に関連するサービスを作りたいから協力してほしいという要請が届いたりする。すると、またどこかからエキスパートが現れて、情報を提供する。いいところを見せたい人が集まっているのか、積極的な奉仕活動が人事評価の項目に含まれているせいなのか、それとも、知識を共有して人の役に立ちたいという本当に純粋な気持ちからなのか。何がこの文化の原動力になっているのかは、いまだにわからない。私がアメリカで勤めたことのある他の会社にはなかったことだからだ。いずれにしても、従業員が自発的に種をまいて成果を出すというのは、お金では買えない企業文化の力だ。

従業員が主体となるボトムアップ型の企業文化。言い換えれば、上から指示される形で業務を行うことが少ないという意味でもある。そのため生産性や効率の観点から見れば、めちゃくちゃに見えることも多い。これを自発性というべきか、自己愛にあふれているというべきなのか、微妙なところではある。

しかし、自発的なモチベーションがなければ、クリエイティビティは生まれない。クリエイティビティが育たない組織は衰退していくケースが多い。幸せな集団とは、幸せな個人が集まることによって誕生する。企業がどんなに成長したとしても、個人の幸福と成長がなかったら、ある瞬間泡のように消えてしまうかもしれない。

5 影響力を重視

「絶対に何かを受け持たないといけないわけじゃない。そんなことしなくても、あらゆる面に影響力を発揮できるんだ。それがグーグルでの働き方だよ」

グーグルに入社後、いちばん適応が難しかったのは、それぞれのチームの役割と責任（R&R：Roles & Responsibilities）が明確でない点だった。業務内容が重複している部分も多く、明らかにやるべき仕事をやらない場合もある。本来は他の部署がやる仕事なのに、私たちの部署で代わりにやったことも一度や二度ではない。

こんなありえない事態を受け入れられず、グーグルに長年勤めている同僚に尋ねたら、冒頭のコメントが返ってきた。自分が受け持つ範囲をきっちり決めようとするのではなく、影響を及ぼす人になればいいというアドバイスだった。そうすれば、君のものではなくても君のものになる、というつかみどころのない話を何でもないことのように聞かせてくれた。

今では、その言葉がどういう意味なのかわかる。自分がやりたい仕事を自由にやるのがグーグルの文化。成長するか、転職するか、あとは自然淘汰に任せるというわけだ。

これは、グローバルマーケットで成功した大企業ならではの余裕なのかもしれない。安定した収益が見込める企業だからこそ、後で無駄になる仕事や作業の遅延、悠長な社員を受け入れられるのだろう。こんな余裕があれば、大ヒットにつながるずば抜けたアイデアが生まれることもあり、壮大な計画を立てることもできる。優れた人材を迎え入れるのにも適した環境だ。

グーグルの天才たちの働き方

以前勤めていた会社で、製品開発プロセスがほぼ終わる頃になって、上級役員からデザイン変更の検討を命じられた。担当デザイナーはとんでもない指示に激怒した。

「ミソとクソの区別もつかないんですかね？」

私から見ても無理のある要求だった。製品の発売日が間近に迫っているにもかかわらず、プラットフォームを丸ごと作り直すことになる。単純にアイコンやアプリを修正するだけで済むレベルの作業ではない。

担当デザイナーが怒って帰ってしまったので、私は急いで他のメンバーを集め、変更という選択はミソなのかクソなのかをテストする作業を始めた。やはりクソだった。それも、簡単に片づけられる美しいクソではなく、下痢便だ。

しかし、下痢便という結果には、それなりに意味があった。プラットフォームを作り直すほどの重大な変更を実行した際、どんなことが発生するかという仮想テストの結果は最悪だった。そこで役員たちはプランBに方向転換を決め、結果的にこの新製品は成功した。


騒ぎが落ち着いてから、担当デザイナーにこんな話をしたことを思い出す。

1つ目、どんなソリューションも間違っている可能性を想定しておくべきだ。クソと思いきやミソだったというケースが実際にある。

2つ目、クソだと証明することは、別の突破口を探す原動力になり得る。

3つ目、数十年の経験を積んだ先輩方の言葉に耳を傾けよう。地位が高いからではない。人生の年輪を重ねた経験値の力は、科学を超越する魔法を発揮することがある（説教くさい年配者は私も嫌いだ）。

もちろん、担当デザイナーは私たちがテストを実施したことを「わざわざ意味のないことをするなんて」としばらくいまいましく思っていたようだ。

ところが、グーグルに転職したら、なんと……。

あちこちでミソなのかクソなのかを調べるテストをしている。オープンマインドだと自負している私にさえ、まるで理解できないプロジェクトが多い。リリース直前に変更が行われたり、1つのチームでチェックが終わった問題を別のチームでまた調べたりもする。ウソでしょ！

業務効率化の観点からするとリソース管理は最悪で、機会費用〔ある選択をしたことによって失われる、その他の選択をしていた場合の利益〕の面でも損失が大きい。めちゃくちゃに見える状況に戸惑って、グーグルで長く働いている同僚になぜこんな仕事の進め方をするのか尋ねた。すると、こんな答えが返ってきた。

「それがどうかした？　そうするだけの価値があるっていうことでしょ。いいんじゃない？」

ガツンと殴られたような気分だった。確かに。いいんじゃない？

もしかしたら、クソをミソにする新技術が生まれるかもしれないし、クソミソ肥料の効果を発見できるかもしれない。ひょっとしたら、クソから大ヒットが生まれるかも（アップルが作った、う○ちの絵文字の活躍を見よ！）。

誰であれ、何であれ、気が済むまでやってみることを推奨するカルチャーとシステム。アイデアの段階で芽を摘まず、残しておく自由放任スタイル。失敗しても責任を問わず、何を学んだかを問う、持てる者の余裕。

これがグーグル・イノベーションの核心ではないだろうか？

イノベーションは肥溜めで育つ。いいんじゃない？

優れたリーダーになるために大切なこと

モトローラに勤務していた2006年に初めて管理者のポジションを担当して以来、実務者と管理者の仕事を交互にやってきた。管理者のときは、実務者として働くときよりも精神的エネルギーの枯渇が早い。私にあまり合っていない仕事だからだと思う。

まず、私は数字に弱い。チーム運営に必要な予算を決めるとか人材補充の交渉をするといった仕事が得意ではない。また、人間関係がこじれるとストレスを感じやすく、いつまでも引きずってしまうたちだ。人を相手にする仕事は、他の業務に比べて結果の予想が難しいので、経験を積んでもノウハウが身につかず、毎回振り出しに戻るような気分になる。

それでも経験から学んだ教訓がある。実践するのは簡単ではないが、いつも忘れないように心がけている点だ。

1 バランスを取る

リーダーはバランスを取る人だ。船の舵を取るようにチームの方向性を定め、傾かないように重心をとらえて安定させる役目を担う。そのためにはさまざまな知識や経験が必要だ。

リーダーは未来を見据えて戦略を立てる人でなくてはいけない。非常にささいなことにまで口を出すリーダーもいるが、そんなことをする必要はないし、かえってチームを混乱させてしまう。アプリのアイコンやホーム画面のデザインは担当デザイナーに任せよう。何もかもをチェックしようとするのは時間の無駄だ。

いくつかの候補の中から「どの案がいいでしょうか？」と最終決定をゆだねるような質問を受けることがある。そんなとき、私はいつも「あなたの意見は？」と聞き返す。**その案件について、いちばんよく知っていて、いちばん深く考えた担当者の意見が最も重要だ。**もし本人がまだ迷っているようなら、質問してディスカッションする形で自ら答えを出せるように導くのがリーダーの役目である。

2 自分の不安を押しつけない

リーダーになると、怖さを感じる。すごく怖い。最上級役員とのミーティングのときは、圧迫感で息の根が止まりそうになる。最上級役員はたいてい忍耐力がない。忙しいし、すでに多くの内容を知っているので、途中で話をさえぎりがちだ。

「もういい、それで?」

まだ半分も説明していないのにこんな反応が返ってくると、気持ちがくじけてしまう。

また、リーダーの決定によってチームが解体されたり、製品が大失敗したり、会社に莫大な損害を及ぼす恐れもあるから、意思決定をするときはいつも恐ろしい。

しかし、不安なときこそ行動に気をつけなくてはならない。右往左往したり、支離滅裂なことを言ったり、かんしゃくを起こしたり、声を荒げたり……。リーダーがこんな調子では、不安がチーム全体に伝染してしまう。他の人を非難して責任転嫁するとか、バランス感覚を失って誤った決定を下すようなことは決してあってはならない。

リーダーには、自分の不安を感知する勘と気分を切り替えるテクニックが必要だ。

一人になる時間を設けたり、他のメンターの助けを借りたり、しばらく他のことに目を向けてみるなど、自分に合った方法で不安な感情をなだめよう。不安になることが多いなら、根本的な原因を探して解決することによって、リーダーとしてさらに大きく成長できるだろう。

3 長期的な解決策を探す

プロジェクトに問題が生じたとき、なぜそうなったのかを担当者に尋ねると、〝叱責〟ととらえられることが多い。しかし、これは問題の原因を探し出して、似たようなトラブルが発生しないように改善するための質問だ。

発生したトラブルそのものは担当者が解決すればいい。リーダーがすべき仕事は、長期的で根本的な解決策を用意することだ。プロセス、意思決定ライン、インフラ、予算、チームの特性など、どこに問題があるのかを把握して解決するのがリーダーの役目だ。

もし担当者が畏縮してミスを隠したり、その場しのぎの方法で「解決した」と報告したりするなら、組織に問題がある。これを正すのはリーダーの課題だ。**弱点やミス**

を正直に明かしても不利益を被らないという信頼は、健全で創造力のある組織を作るために重要な条件だ。

4 コーチングとメンタリング

リーダーはチームメンバーの成長を手助けする存在だ。メンバーに愛情を持ち、長所・短所と状況をしっかり把握しておこう。

360度評価（多面評価）の制度がない会社で働いていたとき、自主的にこれを取り入れてみたことがある。多面評価とは、上司だけではなく、同僚や部下など、複数人が評価に参加する方法だ。まずはこの方法を受け入れられる土壌が必要で、得より損のほうが大きい場合もあるので気軽に薦められる制度ではない。このときも360度評価の経験がないメンバーは困惑し、集まった評価書を確認した私はもっと困惑した。ラブレターのような文面（Aさんが好きです、嫌いです）、書くことがないからと空欄のままの項目、業務に関係のないプライベートな事情を指摘するフィードバック……。

そこで、360度評価とは何か、どのように行うのか、なぜ重要なのか、どう活用されるのかを改めてチーム全体に説明した。勤務年数が長いメンバーには、**同僚に対**

してどれだけ具体的で実質的なフィードバックができるかが、リーダーシップを評価する基準になるという点を強調した。

そして、考課結果と評価書を1枚にまとめたものをメンバーそれぞれに渡した。同僚による評価の要約と今期の成果、改善が必要な点についての意見を角が立たない表現にやわらげて書いたものだ。

時が経つにつれて、最初はラブレターのようだったフィードバックはどんどん実質的な内容へと改善されていった。チーム内で同僚への関心が高まり、それぞれの役割を尊重する雰囲気も生まれた。

これまで私が勤めてきた会社の中で、グーグルは特に360度評価を重視する。人事評価の期間になると、職群と職位に合わせて、難易度、リーダーシップ、貢献度などを評価したフィードバックを社内でやりとりするが、どれもここまで魂を込める必要があるのかと思うほどの長文だ。そして、リーダーはメンバーの業績評価をするという責務をこなすために、息つく暇もないほど忙しい日々を過ごす。

5 権限と責任を与える

リーダーはメンバーの責任を肩代わりする人ではない。それぞれが自分の仕事に責任を持てるようにサポートする人だ。「責任は私が取るから、思い切りやりなさい」と言うリーダーが頼もしいとされることもあるが、これでは担当者に本当の権限を与えたことにはならない。主体性を持って仕事をするというのは、権限を得るだけではなく、その結果にも責任を持つということだ。

責任のない権限には意味がない。メンバーを信じて任せよう。自ら責任を負わなくてはならないと感じると、人ははるかに主導的に動けるようになり、成長していく。

失敗する機会を与え、その責任を負う機会も与える。実務担当者のミスやそれが製品に及ぼす被害について危機管理をするのがリーダーの役割だ。本人が責任を取るべき問題は、本人に責任を取らせる。リーダーは自分が責任を取るべき問題についての責任を負えばいい。

新たな才能の見つけ方

2007年公開のアニメーション映画『レミーのおいしいレストラン』は、フランス料理のシェフを夢見るネズミのレミーの物語だ。私はこの映画から学んだ人生の教訓を面接時の回答に使ったり、講義資料に使用したりもする。その中でも、たびたび思い出すシーンがある。「新たな才能の発見」と「新たな創造の過程」に関する部分だ。

新たな才能の発見

料理を愛するネズミのレミーは、有名シェフだった亡きグストーを尊敬し、彼の著書を熟読している。ある日、グストーの幽霊に導かれるようにパリの五つ星レストラン〈グストー〉へ辿り着いたレミーは、厨房で雑用係として働く青年、リングイニに出会う。レミーはリングイニの帽子に隠れ、髪の毛をひっぱって彼の手足を動かしながら料理をするようになる。

リングイニはレミーの協力によって〈グストー〉の新オーナーに上り詰めるが、記者会見で料理の才能が急に開花した秘密を聞かれ、レミーの存在を隠す。落ち込むレミー。

そんな中、リングイニの料理の噂を聞きつけて、料理評論家のアントン・イーゴがレストランにやってくる。彼はフランスの伝統料理ラタトゥイユを食べた瞬間、少年時代に引き戻される。子どもの頃、母が作ってくれたあの味だ。イーゴは思わずペンを取り落とし、仕事を忘れて幸せな気分でラタトゥイユを味わう。皿に残った最後のソースまでたいらげたイーゴは、シェフに感謝の言葉を述べたいとリングイニに申し出る。

リングイニはこれ以上レミーの存在を隠してはいけないと考え、他の客が全員帰った後でイーゴにレミーを紹介。これまでの事情を説明し、レミーが実際に料理する姿を見せる。静かに聞いていたイーゴは、ごちそうさまでしたという言葉を残してレストランを去る。
その翌日、新聞にイーゴによるレビューが掲載される。

評論家というのは気楽な稼業だ。危険を冒すこともなく、料理人たちの必死の努力の結晶に審判を下すだけでいい。辛口な評論は書くのも読むのも楽しいし、商売になる。だが、評論家には苦々しい真実がつきまとう。たとえ評論家にこき下ろされ、三流品と呼ばれたとしても、料理自体のほうが評論より意味があるのだ。しかし、ときに評論家も冒険する。その冒険とは、新しい才能を見つけ、守ることだ。世間は往々にして、新しい才能や創造物に冷たい。新人には味方が必要だ。

昨夜、私は新しいものに巡り合った。思いもよらない作り手による、素晴らしい料理を味わえたのだ。作品も、その作者も、おいしい料理についての私の先入観を大きく覆した。これは決して大げさな表現ではない。まさに衝撃だった。

かつて私は「誰にでも料理ができる」というグストーシェフの有名なモットーをあざわらった。でも、ようやく彼の言いたかったことがわかった気がする。誰もが偉大な芸術家になれるわけではないが、誰が偉大な芸術家になってもおかしくはない。グストーのレストランの新しいシェフは、恵まれた環境で生まれ育ってはいない。だが、料理の腕において、フランスで彼の右に出るものはいまい。近いうちに、また訪ねるとしよう。

レミーの成功ストーリーをワクワクしながら見ていた私は、イーゴのナレーションが流れた瞬間、胸が熱くなった。

これまで何度もこんな言葉を聞かされてきた。身の丈に合った生き方をしろ、おまえはダメだ、おまえにはできない、ダルマエナガがコウノトリを追いかけたら股が裂ける〔分不相応なことはするなという意味の韓国のことわざ。ダルマエナガは体長12～13センチの脚の短い鳥〕、などなど。ダルマエナガがコウノトリになることはできないが、ダルマエナガだって立派な鳥だ。

私の胸をいっそう熱くしたのは、自分も新しい才能と創造物の味方になれるかもしれないという思いだった。疎外されてうずくまり、道に迷ってさまよう人々のために、世間の冷たさをひしひしと感じている人々のために、あたたかくて優しい世の中を作るために、少しは役立てるのではないかという思い。

今日も心からの声援を送る。みんな、負けないで！

「誰もが偉大な芸術家になれるわけではないが、誰が偉大な芸術家になってもおかしくはない」

新しい創造の10段階

1段階：観察（Observe）

アイデアが思い浮かばないとき、プロジェクトが進展しなくなったとき、製品が売れない原因を分析すべきとき。あらゆる問題の答えは、日常の中にある。まずは観察から始めよう。大学院在学中、「観察」の講義で習ったＡＥＩＯＵメソッドを私は今も活用している。ＡＥＩＯＵとは、Activities（活動）、Environments（空間・環境）、Interactions（相互作用）、Objects（モノ）、Users（ユーザー）の頭文字で、行動観察においてチェックすべき5つの項目を意味している。

2段階：発見（Uncover）

観察によって、役立つものを発見する段階だ。韓国で人気のテレビ番組『私は自然人だ』〔自然の中で暮らす人の元を訪れ、生活を体験するバラエティ〕では、出演者が山の中でワラビや山菜、キノコなどを上手に見つけ出す。知識が増えるにつれて発見力が高まり、必要が技術を作り、関心が根気を生む。宝石を見つけるには、原石を見極める目と経験が必要だ。

3段階：仲間探し（Find Team）

自分1人だけでできることは限られている。誰かの助けが必要だ。そこで、相性のいいパートナーを見つけることが重要となる。自分に足りない部分を補ってくれる人、気楽に話し合える人、いいフィードバックをくれる人を探そう。

4段階：築き上げる（Build Up）

仲間とビルドアップをする。それぞれが発見したアイデアを共有し、自分が持っているものとパートナーが持っているものを融合する。意見を調整して、優先順位を定め、目標と計画を立てる。仲間と息を合わせていく過程だ。計画の進行中に思いもよらないことが起こったり、すれ違ったりしないようにしっかり方向性を定めておく。

5段階：拡大（Extend）

アイデアに肉付けをする段階。たいていの場合、初期のアイデアはまだ粗雑だ。仮説を立ててプランA・B・Cを作り、関連したアイデアを付け加えて膨らませていく。

6段階：変形（Transform）

変形は2つの観点からの試みが必要だ。1つは初期データ・直観・アイデアを再検討すること。2つ目はビルドアップしたアイデアについて、これがベストなのか、他の方式はないか、トラブルが発生する恐れはないかなど、できるかぎり多様なシナリオでシミュレーションをすること。シミュレーションによって失敗の確率が下がり、アイデアの再検討によって意外な成果が生まれることもある。

7段階：ツールを探す（Find Tool）

アイデアがある程度まとまったら、それを作るためのツールを探そう。ソフトウェアかもしれないし、プラットフォームかもしれないし、技術者かもしれない。どんなツールを使えばいいかわからないときは、専門家に相談するといい。

8段階：作る（Make）

アイデアの実現。作ってみる。目標によって、単純な試作品やスケッチになるかもしれないし、実際に動作する製品になる場合もある。最初から時間をかけて完璧なものを作ろうとするより、アジャイル方式〔Agileは「素早い」「俊敏な」という意味。短い開発工程を繰り返してリスクを最小化する開発手法〕で作り、何度も修正を繰り返していくほうがいい。

9段階：実験（Test）

テスト段階だ。グーグルではチームフード、フィッシュフード、ドッグフードなどのさまざまなテスト過程を経て製品が発売される。ドッグ・フーディングとは「Eat your own dog food（自社のドッグフードを食べる）」という意味で、自社で作った製品を実際に使ってみることを意味する。しかし、テスターがグーグルの従業員のみというのは、大きな欠陥でもある。自分で食べることも大切だが、外部の人に評価してもらうことも必要だ。グーグル製品の多くが〝ITマニア向け〟っぽいのはこのせいだと思う。

10段階：説明と説得（Articulate）

映画『レミーのおいしいレストラン』を観ながら、膝を打ったシーン。レミーが屋根のアンテナで焼いていたキノコに雷が落ち、焼き上がったその味をレミーの兄エミールが「カミナリ味」と名付ける。誰にでも想像できるが、誰も味わったことのないカミナリ味が世の中に誕生した瞬間だ。創造の最終段階は、自身のコンセプトにブランディングをしてストーリーを作り出すことである。

レミーを最高の料理人にしたのは何か？　それは好奇心と実行力だ。**最高になるための秘密は、完璧な計画ではなく、数多くの試行錯誤にある。**

最近、グーグルでキャリアコーチングを始めた。内気な性格で自分を表現することに難しさを感じていたり、才能はあるのに慣れていないせいで業務をうまくこなせなかったり（もっと大きな問題は、それが原因で自分をひどく責めてしまうこと）、経験不足で戦略がうまく立てられず、見当違いなところに力を費やして正当な評価を受けられずにいる人などが対象だ。彼らが少しずつ成長して、自信をつけていく姿を見ると、うれしくて幸せな気持ちになる。

今年の人事考課では、昇進対象者のデザイナーをサポートするために、私にできる限り最高の評価書を作成した。これまで正当な評価を受けられずにいた彼女から昇進の知らせを聞いたときは、走り出したいほどうれしかった。自分の昇進を心から喜ぶ私を不思議そうに見ながら、彼女は感謝の気持ちを伝えてくれた。私はこんなふうに、思いやりの心から生まれるぬくもりが好きだ。

CHAPTER

4

後悔のない人生を目指す30歳に伝えたい言葉

ゆっくりでいいから最後まで自分らしく

いまだに、年収交渉や昇進の駆け引きをしたり、
大々的に事業を始めたりする度胸はない。
あくまでも自分に合ったスピードで、いい仲間と一緒に
楽しく働きながらベテランになっていくことを望むだけだ。
30年でやっと何かがつかめるのなら、
これからも多くを学び、経験値を上げて、
長い道のりを歩んでいくことになる。
42・195キロを休まずに走るマラソンランナーにとっては、
ペース配分が命。
一等賞ではなく、完走が私の目標だ。

自分らしくないことは無理にやらない

私はときどき、自分のための旅に出る。日帰りのときもあるし、何泊かすることもある。母親になってからは、この旅がいっそう大切で切実なものになった。出産すると（当分の間）、すべての時間が子ども中心に回り出す。退勤後、家に帰ってきてから寝つくまで「ママ」という第二の職務を遂行しなくてはいけない。週末だろうと休暇だろうとママに休みはない。今日中に食べないと傷んでしまう冷蔵庫の中の食材、家族の食事の準備、宿題もせずに遊んでいる子どもの姿が頭から離れない。〝ママ〟と〝妻〟が生きる時間と空間で、完全なる〝私〟を見つけるのは容易なことではない。

あるとき、山小屋の屋根裏部屋を借りた。そこにはニールじいさんと呼ばれる老人が住んでいて、私を出迎えたのは彼の息子アランだった。

大工職人のアランは、自分がこの部屋を作ったのだと誇らしげに説明してくれた。

私がこの家を選んだのは、リビングの窓から見えるレッドウッド〔アメリカスギ、セコイアとも呼ばれ、世界爺雌杉（セコイアメスギ）という当て字も存在する〕の森と、森に面した野外デッキがあるから。ここで本を読み、書き物や考えごとをしながら過ごしたかった。私は元気に暮らせているのか、人を傷つけていないか、自分は傷ついていないか、今後の時間をどんなふうに生きていきたいのか。頭の中のあらゆる思考を整理する時間だ。


レッドウッドは世界一の樹高を誇る。現在、地球上で最も背が高いハイペリオン〔北カリフォルニアのレッドウッド海岸に生えている高さ１１６メートルの木〕もその一種だ。成木になるまでに５００〜８００年かかり、樹齢は長いもので2千年を超えるという。空に向かってまっすぐに伸びたレッドウッドを見るたび、気の遠くなるような歳月を思って厳かな気分になる。

数百年もの間、同じ場所で過ごしてきたレッドウッドにとって、毎日は退屈だったのだろうか。あるいは、与えられた1日に毎日感謝していたのだろうか？　それとも、自然の摂理に従って、無想無念で生きてきたのだろうか？

先日読んだ歴史の本に、中国の春秋戦国時代を生きた哲学者・老子の思想について解説する段落があり、その中の一節に引きつけられた。

「何もするな。(Do nothing.)」

このシンプルな言葉が頭から離れなかった。

人間がしなければならないたったひとつのこと、それは何もしないことである、と老子はいう。ただこころを静かにたもつこと。あたりを見ることなく、聞き耳を立てることもなく、何ものぞまず、何も考えないこと。木のように、花のように、目的もなく、意志もなく、その域に達した者だけに、天を回転させ、春をもたらすあの偉大な宇宙の掟、「道」は、作用をおよぼしはじめる。

――エルンスト・H・ゴンブリッチ『若い読者のための世界史』より

木のように花のように、自然の摂理に逆らうことなく、道理に従って生きなさいという教えだ。さらに老子の思想について調べていたところ、最も理想的な生き方を水にたとえた「上善若水(上善は水のごとし)」という言葉を知った。

老子は水の7つの性質を、人間が持つべき正しい「徳」だと説いた。これは人間関係やリーダーシップなど、自分の修養の根幹になる道徳心という意味でもある。

1つ目は「謙虚」。水は争わず、高いところから低いところへと自然に流れる。水が海へと流れ込むのは、海が最も低い位置にあるからだ。謙虚な人とは自ら海となり、身の周りの人々が流れ込んでくるような水のエネルギーを持っている人だ。

2つ目は「知恵」。水は流れ、せき止められれば戻っていく。戻ることができることを知恵という。

3つ目は「包容力」。水は何でも受け止めてくれる。山川の生命水となり、人間のどんな悪行もすべて受け止めてくれる。

4つ目は「融通性」。水には形がない。入れられた器の形に合わせて変化する。

5つ目は「忍耐」。水路に沿って流れ落ちる水は、丈夫な岩をも穿つ。長い時間をかけて、根気と忍耐で貫き通す。

6つ目は「勇気」。絶壁から流れ落ちる滝になることもあれば、太陽に照らされて蒸発することもある。水は破壊されることを拒まない。

最後は「大義」。水はこのように流れ、海となる。

老子は紀元前6世紀頃の人物とされる。韓国で言えば古朝鮮の時代だが、数千年前にこのような悟りと哲学、思想を持つことができたのは、〝思索と問いの時代〟に生きたからではないかという気もする。

私たちはとても多くの情報の中で生きている。外部から入ってくるあらゆる情報がフィルタリングされずに頭に入り、それが自分の考えとして定着する時代に生きている。**「自分の考え」を作るために考える時間が必要だ。**そして、はてしなく「なぜ？」という問いを投げかける時間を持たなくてはいけない。

老子の「無為自然」の哲学には及ばないとしても、自分ならではの人生哲学と思考があってこそ、見せかけではない〝自分〟として生きることができる。

無為自然。何もしないのではなく「無理をしないで、ありのままで生きる」という意味だという。それなら、英語では「Do nothing」ではなく、「Do your thing」と表現したほうがより正確かもしれない。

毎日3つずつ、学んだ教訓を書く

山小屋の屋根裏部屋を去る日、アランとおしゃべりをした。少し話しただけで、彼がとてもユーモラスで礼儀正しく知的な人だということがわかった。アランは不便な点はなかったかと私に聞き、ひょっとしたら休息の邪魔をしているのではないかと気にしながらも、訪問客との会話を楽しんでいるようだった。私も思わず録音したくなるほど、彼の簡潔で優しく愉快な話しぶりに魅了された。この日、アランから学んだ、3つの教訓をまとめてみたい。

1 道徳 vs 法

アランには3人の娘と2人の孫娘がいる。娘たちにはいつも「女性だからという理由でできないことはない。やりたいことがあったら、どんなことでも思い切りやってみなさい」と話して、応援してきたという。

「やりたいことは何だってできるし、何だってなりたいものになれるんだ。誰かが娘のことを〝あの子は頼りない。弱すぎる。賢くない〟と言ったら、俺はこう答えるだろうね。〝今はまだ力不足かもしれないけど、いつかは自分の素晴らしさを証明するはずさ〟」

私は聞いた。

「自分の価値を、他人に対して証明する必要はあるんでしょうか？　自分らしく生きていれば、それでいいんじゃないかしら」

アランは一呼吸置いて、微笑みながら言った。

「世の中には、道徳的なものと法的なものがある。道徳は良心に沿ったもので、法は権利だ。幸せだな、楽しいなと感じるのは道徳の範疇にある価値観だが、誰もがやりたいことをできる権利が法によって保障されるのは大切なことだよ」

そして、娘と孫娘がやりたいことを何でも実現できるような、公正で美しい世の中になってほしいと言った。

彼の言葉を聞いて、2つの考えが頭に浮かんだ。

まず、自分の存在価値を証明するのは、他人に認めてもらおうとすることと必ずしもイコールではないのだなということ。**「私はこんなふうに生きている」という姿を見せることは、「誰もが自分らしく生きていい」というメッセージを投げかけることになるのかもしれない。**つまり、健全な社会を作っていくことにつながり得るのだと気づいた。

もう1つは、法で定められたルールに加えて、よりいっそうの道徳的な視点が求められる場合があるということ。特にUXデザインにおいては、消費者の感情をかなりきめ細やかに取り扱わないといけない。個人情報やプライバシー保護、アクセシビリティ（身体的特性や年齢、地域、言語、教育水準などの条件が異なる人々でも、誰もが不便なく技術や装置、建物、制度、文化を利用できること）なども同様だ。「法律で定められたルールを守る義務さえ果たせば、それ以上の工夫や努力はしなくていい」という安易な考えでは、消費者に感動をもたらすことはできない。

個人情報の保護は、消費者の信頼を得るうえで最も重要な課題だ。万が一、取り扱いを間違えたら、消費者は不便さではなく、恐怖や怒りを感じる。そのため、企業は法的義務を果たすことはもちろん、ユーザーのプライバシーを尊重・保護するという意識を常に持ち、責任を持って安全に情報を管理する必要がある。一度失った信頼を取り戻すのは難しい。待ち合わせ時間に遅れてきた恋人は許せても、浮気をした恋人は許せないものだ。信頼関係が崩れてしまったから……。

アクセシビリティは「みんなの暮らしが大切だ」「どんな人にとっても使いやすいものを作る」という企業の理念がベースとなる。他の誰かを大切にしていない企業が、自分を大切にしてくれるとは思えない。金儲けだけしか考えていない企業が消費者の心をつかむことはできないのだ。

2 あなたの考えは大切なもの

私はアランに今日の会話のことを書いてもいいかと聞き、写真を何枚か撮らせてもらった。アランは「おかげでいい1日になったよ」と喜んでくれた。作品が完成したらぜひ見せてほしいと言われたので、私は専業作家ではなく、趣味で文章を書いているだけなのだと白状した。すると彼は笑って言った。

「いいじゃないか。書きたいことがあったら、好きなように書けばいい。それはあなたの考えだし、全部あなたのものだからね」

そうだ。私の考えで、私の文章だ。論文のように審査を受ける必要もない。

作家のイ・スラ〔韓国の作家・エッセイスト。『日刊イ・スラ 私たちのあいだの話』（朝日出版社）などの著書がある〕は「文章を書くことは真摯な愛」だと言う。書くことのメリットについて、彼女はこう語る。

書くことは、真摯な気持ちをもたらしてくれる。
書くことは、何気なく見過ごしていたものに目を向けさせてくれる。
書くことは、過ぎていく時間を記憶にとどめやすくしてくれる。
書くことは、自分自身を愛することだ。
書くことは、他人の心と暮らしに真摯に向き合う過程だ。
——イ・スラ、『世の中を変える時間、15分』の講演より

文章を書くようになってからの変化を、私自身も感じている。何気なく見過ごしていたことに目を向けて、記憶するためにメモを取り、内容をじっくり噛みしめて考えをまとめる習慣がついた。過ぎ去っていくものをつかまえて自分の考えを作り出すのはとても重要なことだ。それを文章に書くことによって、思考がいっそうクリアになっていく。

3 自分がいちばん

アランは、カリフォルニアの山火事ですっかり灰になった屋根を片付けないといけないのだと言った。ずっと大工の仕事をしていたからそのくらい朝飯前だが、数年前に心臓まひを起こして何日か昏睡状態に陥り、最近やっと体調が回復したところらしい。心配になって、他の人にお願いしてみたらどうかと話したら、彼はにっこり笑って言った。

「俺は俺にやってほしいのさ！」

自分がいちばん適任だと断言できる人はどれぐらいいるだろう。しかし、よく考えると特に難しいことではない。私たちはいつもどこかにエントリーして、自分を選んでほしいと頼み、自分をよく見せるために飾り立てる。「自分がいちばんうまくやれる」と自信を持って言えないなら、他人に認めてもらうことはできない。

面接を受ける人や会議のプレゼンターが自信なさげにしていると、聞いているほうも不安になる。この人の話を信じていいのだろうかという気持ちになる。間違いや失敗をおかす恐れは誰にでもあるが、自分を愛する気持ちは必要だ。世の中で自分をいちばん愛している人は自分でなくてはならない。

写真撮影のとき、アランはぽっこり出たおなかを精一杯ひっこめて、素敵なポーズを取ってくれた。一緒に撮ったレッドウッドの樹齢は千年を超えるという。

毎日寝る前に、その日に学んだ教訓を3つ記録することを習慣にしてみてはどうだろう。1年で1095個もの教訓が得られる。3年続ければ、3千個以上の教訓が貯まる。三千拝〔お経を唱えながら両手と両膝、額を地面につける拝礼を三千回繰り返す、仏教の礼拝方法〕をする体力はないにしても、教訓を3千個書きためる誠意があれば、悟りの境地に近づけるのではないだろうか?

一等賞ではなく、完走を目標に

在宅勤務の期間が続いて、運動量がガクンと減った。ランニングマシンがリビングにあるのに、あれこれ言い訳をしてサボっていたら、すっかり体がなまってしまった。体力が急激に落ちていくのを感じる。

山に登るときは、自分の体力の限界を考えてペース配分をしないといけない。頂上を目指すことに全力を使い果たしたら、下山する前に動けなくなって同行者に迷惑をかけてしまう。ひとり登山であればなおさら、自分の限界を見極めて引き返すタイミングが肝心だ。

大学の新歓シーズンのとき、3年生の先輩たちの物販を手伝ったことがある。シルクスクリーンで染色した白い綿Tシャツの販売だ。新入生の私には、その染色Tシャツが魔法のように物珍しく見えた。デザイン学科の女子大生が作ったなかなか高級感のあるグラフィックTシャツは飛ぶように売れ、完売を祝う打ち上げがマッコリ居酒屋で開かれた。生まれて初めて飲んだマッコリは甘かった。

それがいけなかったのだろう。自分がどれぐらいお酒を飲めるのかもわからないのに、先輩が注いでくれるマッコリをひたすら飲み続けた。頭がぐるぐる回り、声がわんわん響いて、頭がぼんやりしてきた頃、無事に帰らなきゃ、とふと思った。下の兄に電話をして居場所を知らせ、救助を要請した。到着した兄に「こいつめ、一人前になったな！」と言われた場面で記憶がぷつりと途絶えている。

幼い頃、兄の生き方はいつもカッコよく素敵に見えて、私はずっとうらやましく思っていた。小学校のとき、兄は何か悪さをして練炭小屋に閉じ込められ、〝反省の時間〟を過ごすという罰を受けた。しかし反省するどころか、兄は小屋にあった練炭をすべて叩き壊してしまった。戸を開けて練炭まみれの兄を見た母はお手上げ状態になり、今後はなるべく次男を刺激しないようにするという方向性を定めたようだ（これぐらい徹底的に暴れると、誰にも手出しをされなくなる）。

大学生になると、兄は黙ってふらりと出ていき、しばらく貧乏旅行をしてから汚い格好で帰ってくることがよくあった。家庭教師のアルバイトでそこそこ稼いでいたのに（兄は名門大に通っていたうえに世渡り上手だったから、生徒に人気があったらしい。まぁ、生徒の前では暴れることもないだろうし……）、通帳にお金があるともっと貯めたくなってしまうからと言い、いきなり大量の本を買ったり、旅に出たり、友達におごったりしていた。私は兄の自由で変わり者っぽい姿に憧れた。どこでも野宿できる男性であることや気の強い性格、やりたいことを自由にやりながら生きる姿がうらやましかった。

私の肝っ玉は、豆粒のように小さい。チャレンジ精神があって勇敢で推進力があると誤解されがちだが、実は石橋を叩きまくり、周囲を見回して安全装置があることを確認してから動くタイプだ。だから何事にも時間がかかる。ふと気づけば同僚や上司はもちろん、上司の上司すら私より年下であることが増えてきた。30代後半からは焦りも出てきたが、私としてはこのスピードが最速だ。

この先いつまでデザイナーとしてやっていけるだろうと不安になってきた40代半ば頃、メリーランド大学で30年以上、アクセシビリティを研究するグレッグ・ファンデルヘイデン教授の講演を聞く機会があった。

情熱的な講演を聞いて尊敬の念に駆られ、30年以上も1つの分野について研究を続けられた理由を尋ねた。すると思いがけない答えが返ってきた。「30年経ってようやく何かが少しつかめてきたのでここからが本番だという気がする。30年経たないうちに仕事を引退する人が多いことがとても残念だ」とのことだった。30年経験を重ねて、やっとその境地に達することができるのだ。最近になって、ファンデルヘイデン教授の経歴を検索してみたら「ファンデルヘイデン博士はアクセシビリティの分野で47年間活動している」と出てきた。

練炭を叩き壊す荒々しさも、黙って旅に出る勇気も、自由な精神も持ち合わせていない私が、なぜシリコンバレー最高の企業であるグーグルに入社し、最もホットな人工知能を研究する首席デザイナーというポジションまで上り詰めることができたのか。よく考えてみたら、それは肝が小さいからこそだ。私はいつもミーアキャットのようにあたりを見回して、いざというときに逃げる場所と自分を助けてくれる人をそばに置いた。

そんな臆病な私だが、ずっと連絡を取っていなかった知人に転職の相談を兼ねて新年のあいさつメールを送るのは難しいことじゃない。知り合いだから。いろいろな会社の求人に応募したり、連絡をしたりするのも怖くはない。人材を募集している会社なのだから。講演をしたいと申し出たり、誰もが知っている有名人に私をインタビューしないかといきなりメールを送ることにもまったくリスクを感じない。ダメでもともとだから。

でも、肝っ玉が小さいぶん、やっている仕事を途中で放り出すのは得意じゃない。愚直に耐え抜くタイプだ。

「誠実で、責任感を持って、与えられた仕事をやり遂げる」

周りからはこんな評価を受けることが多い。知人に転職活動の推薦状を頼むと、誰もが快諾してくれる。私にとって大きな財産だ。新たな会社に転職するたび、いつも最初の1年が本当につらかった。サムスンでも、グーグルでも、死にそうだと思うことが何度もあった。しかし1年が過ぎ、2年が過ぎれば、私はおおむね高評価を受ける優秀な社員になっていた。

いまだに、年収交渉や昇進の駆け引きをしたり、大々的に事業を始めたりする度胸はない。あくまでも自分に合ったスピードで、いい仲間と一緒に楽しく働きながら、ベテランになっていくことを望むだけだ。

30年でやっと何かがつかめるのなら、これからも多くを学び、経験値を上げて、長い道のりを歩んでいくことになる。42・195キロを休まずに走るマラソンランナーにとっては、ペース配分が命。一等賞ではなく、完走が私の目標だ。

同性の双子を育てていて、いちばん悩ましいのは2人のペースが違うときだ。双子はいつも比較されながら育つ。一緒に通っていた水泳教室で一方だけがテストに合格し、不合格だった子が傷ついてやめてしまったこともある。生まれたときから比較対象がいるので、いやおうなしに相手のスピードを意識する人生になる。でも、2人にはそれぞれ自分のスピードで成長してほしいと願っている。

この時代に最も必要なもの

私が所属するグーグルのデザイン部には、共感（Empathy）、表現（Expression）、経験（Experiences）、卓越（Excellence）など、4つのEで構成された指針がある。

その中で、**最も基本的なものは「共感」だ。**人に共感し、ともに働くチームメンバーに共感して、コロナ禍における社会問題などに共感する能力。その共感によって生み出された結果がデザインだ。個人情報の流出に対する不安、通信速度が遅くてインターネットがスムーズに利用できない人々、お金がなくて情報にアクセスできない人々、夢を叶えるきっかけを見つけられない人々、障碍によって機器の使用が難しい人々。デザインはこうした状況に共感を抱くところからスタートする。

会社でデザインのレビューが行われた際、残念な気持ちになったことがある。開発者にとって都合のいい提案ばかりで、このデザインがユーザーのどんな要望に応え、どんな問題を解決するものになるかといった顧客に寄り添う〝心〟が抜け落ちていたからだ。

私は「デザイナーは利他の精神を持つべき」と笑い話を織り交ぜながら指摘したが、その日はずっと苦々しい気分だった。

共感能力は、リーダーにも必要な要素だ。ひょっとしたら、この時代に最も必要な能力といえるかもしれない。グーグルには職群、職級ごとに求められる重要なスキルがある。その中で、リーダーに求められているのは、「人材確保と維持」のスキルだ。グーグルは社内での異動がとても自由で、各部署が競って優秀なメンバーをスカウトするだけでなく、社内公募制度を利用して自ら部署異動を希望する社員も多い。そのため、優秀な人材を集めてチームを作り、維持していくことが何より重要なリーダーの役割となる。人の心を動かしてモチベーションを上げ、情熱を持たせて、弱点を克服し、連帯関係を作り出す。その中心に、リーダーの共感能力がある。

歴史上、世界征服に乗り出した数多くのリーダーは強靭で、カリスマ性によって人々を導いてきたと考えられてきた。しかし、孤独になりやすく、自己責任ばかりが問われるこの時代に求められているのは、人の心に寄り添えるリーダーではないかと思う。他人の痛みや失敗に共感し、成功を心から喜べるリーダー。メンバーを部品ではなく、共に歩む仲間だと考えるリーダー。人それぞれの個性を尊重できるリーダーこそが、現代に求められるリーダーシップ像ではないだろうか。

自分1人だけでできることはほとんどない。たいていの仕事は他者とのコラボレーションが必要で、誰かの助けを借り、誰かが作ったものをベースに作り出していかなくてはならない。最近流行している個人メディアでさえ、1人のものではない。視聴者やフォロワーとコミュニケーションを取り、共感を引き出すことによって成り立っている。

こうした共感力の中に、心の痛みの美学がある。誰かを案じて心を痛める感情、それが共感だ。

数字より、まずは人を大切にする

先日、しばらく空席だった部長のポストが埋まった。組織が大きく、進行中のプロジェクトも多いうえ、他部署との連携が必要な課題も山積みだったから、各チームがプロジェクトの内容と懸案事項を新任部長に報告するための日程を押さえた。

報告書にはあらゆるプロジェクトのコード名や略語、チャートがぎっしり書かれていた。私はふと、一緒に働くメンバーについてはどうして誰も話そうとしないのかなと疑問に思った。そこで、部長とチームメンバーの顔合わせを別途セッティングした。プロジェクトのコード名より、一緒に働く人々の名前を知らせるのが先だと思ったからだ。

共通フォーマットを使用して、メンバー全員の自己紹介タイムを設けた。この時間だけは、仕事の話はナシ。驚いたことに、部長はもちろん、顔見知りだったチームメンバー同士もこれまでお互い知らなかったことを知る機会になった。マリアは4カ国語が話せて、スコットは映画のシナリオを書いた経験があり、ハンナは絵が上手で毎日イラストを描いていて、カレンはスケートボードが趣味で大学時代はアイスホッケーの選手だった。父親が余命いくばくもないというスティーブンの話には、全員が心を痛めた。

新型コロナウイルスの影響で在宅勤務が始まり、以前のようなちょっとした会話がなくなった。オフィスで仕事をしていた頃は廊下であいさつを交わしたり、カフェテリアで調子を尋ねたり、ランチを一緒に食べながらおしゃべりをして親交を深めたが、在宅勤務では仕事以外のことを話すタイミングがない。1対1のミーティングをするにしてもわざわざ会議日程を押さえないといけないから、親しくなる機会がなかなかない。休暇の予定を尋ねるためだけに会議をするわけにもいかない。

リーダーの役割は、人を動かすことだ。適材適所に人員を配置して、相性のいいメンバーでチームを構成し、衝突の多い部下同士がなるべく顔を合わせずに済むように仕事をふる知恵が必要だ。人それぞれ性格が違い、リーダー気質が強い人もいれば、補助的な業務に向いている人もいる。企画を出すのが得意な人がいて、まとめ上手な人がいる。1人のほうが仕事をしやすい人もいれば、グループの中でこそ実力を発揮する人もいる。話し上手な人もいれば、聞き上手な人もいる。さまざまな人が集まって働いているのが会社という場所だ。

また、それぞれ置かれている状況や事情も違う。子どもがいて5時に必ず退勤しないといけない人もいれば、遅い時間のほうが作業の効率が上がるという人もいる。本来はもっと仕事をこなせるのに今は体調が悪くてベストな結果を出せないとか、個人的な事情で仕事に集中しづらい人もいる。

人間はロボットではない。1年365日、いつも最高のコンディションで最高の成果を出してほしいと期待するのは間違っている。だから、**人をよく知っているというのはリーダーの義務であり、役割だ。**ロボットの電源ボタンを押すのではなく、人間を動かすこと。その仕事を任されているから、リーダーは高い月給をもらっているのだ。

以前、一緒に働いていたメンバーに面談を申し込まれ、子どもの具合が悪くて看護休暇を取る必要がありそうだと遠慮がちに言われたことがあった。新製品の発売日が迫っていて、休むことをなかなか言い出しづらかったらしい。私はすぐに休暇の手続きを進めると答えた。

ところが、相手はなぜか残念そうな表情をしている。自分が抜けても大丈夫だろうかと聞かれて、しまったと思った。そこで、説明した。

「人生でいちばん重要なのは、自分と家族の健康だよ。仕事はその次。体を壊したり、家族を失ったりしたら、仕事には何の意味もない。仕事は一生続けていくものなんだから、必要なときはしばらく休んでも大丈夫。もちろん今の状況であなたが抜けたらダメージは大きいけれど、会社の仕事はなんとか回せると思う。ポジションを空けて待っているから、お子さんが元気になったらすぐに戻ってきて」

そう言うと、ようやく少し安心したように見えた。私にとっても、自分の意図を相手にきちんと伝える方法を学ぶ機会になった。

新型コロナウイルスがもたらした想定外のパンデミックは、業務にも影響を及ぼした。グーグルは在宅勤務が始まった２０２０年3月以降、さまざまな対策を講じてきたが、なかでも印象深かったのは、マネージャー教育プログラムの変化だ。これまでの典型的なリーダー教育とは違う、メンタル管理（不安障害、憂うつ感など）の教育プログラムが新設された。突然の変化に不安を感じている社員の心を安定させる方法や、在宅勤務の効率的な運営方法という斬新な内容だった。

また、本人や家族のケアのためにパートタイムに切り替えたり休職したりするケースに備えて、休職可能な期間が延び、関連制度が整備された。勤務期間の減少に合わせて個人の目標値が見直され、公正な評価が受けられるように評価システムの調整が行われたことにも驚いた。

優秀な人材を逃すのは、会社にとって大きな損失だ。ひいては、社会全体にとって大きな損失となる。優秀な人材は自分のチームや会社にかぎらず、社会にとって必要な存在だからだ。**まず大切なのは「人」だ。人がそろえば、人が成果を生む。非接触・非対面社会で見逃されやすい、人のにおい、声、感情……その中に答えがある。**

人の気持ちを決めつけてはいけない

娘のヘナは、やりたくないことをうまくやれない私と性格が似ている。そのせいで、科目やテーマによって成績の落差が大きい。嫌いなことを強要されるつらさがわかるだけに、ヘナがやりたくないと言ったとき、やるべき理由をどう説明したらいいだろうかといつも悩む。

ある日、ヘナが英語の宿題をにぎりしめて、怒った顔で荒い息を吐いていた。「エッセイが一行も書けない」と夜遅くまで苦悩している。宿題の内容は、雄弁術（Spoken word poetry）の鬼才として知られるルディ・フランシスコのユーチューブを見て、聴衆をどんなふうに惹きつけるのか、どんなふうに起承転結を組み立てるのか、どんなふうに声の強弱調節をしているかなどを分析して、自分の考えを書くというものだ。

問題はサンプル映像のメッセージだった。タイトルは「不平屋（Complainers）」。主な内容は「あなたが不平を言っているささいなことは、戦争や病気、事故で苦しんでいる人々に比べたら何でもない。不平を言うのはやめて、生きていることに感謝せよ」というものだった。ヘナはこのメッセージに腹を立てて、宿題を拒否していた。

「何が雄弁術よ！」と言いながら……。

ヘナは涙もろい子だ。感情が高まると、自然と涙が出てしまう。そんなとき、彼女にとってつらいのは、「どうしてそんなささいなことで泣くの？」「泣くほどのことかな？」「どうして泣くの？」という周囲の反応だった。心からイヤな気持ちになったり、怖さや恥ずかしさ、悲しさを感じたせいで泣いたのに、それを〝ささいな〟ことだと片づけられたことが心の傷になった。ルディのメッセージに怒りを感じたのも無理はない。宿題を提出した後、腹が立った理由をヘナが話してくれたとき、私たちは一緒にルディの悪口を言った。「何よ、えらそうに……！」

幼い頃、私は経験していないことは理解できないと信じていた。風邪に一度もかかったことのない人に、風邪がどんなものか理解できるはずがない。だから「波瀾万丈にいろいろな経験をしたい」「その経験が私を賢くするだろう」と思っていた。しかし年を取ると、人の経験はとても限定的になる。それにもかかわらず自分の経験だけがすべてだと思い込んで知ったかぶりをすると、えらそうで説教くさい大人になってしまうのだと気づいた。

自分が経験した風邪と、他人の風邪は同じものではない。大学院生の頃、後輩が長年付き合っていた恋人と別れたと聞いて、自分の別れの記憶がよみがえった。食事も喉を通らないほどつらくて起き上がれなかったことを思い出し、後輩の元に駆けつけた。しかし、私の予想とは違って後輩はとても元気だった。心の痛みや苦しみを数値化できる「感情の測定器」があったらどんなにいいだろうか……。

あまりにも簡単に、他人の気持ちを決めつけてしまう人がいる。「それぐらいで済んだならいいほうだよ」「恥じるようなことじゃない」「そんなの苦労のうちに入らないよ」。人それぞれ生まれつきの打たれ強さや感受性、状況を分析する知力が異なるのだから、他者の苦しみを「それぐらいのこと」と判断することは誰にもできない。

消費者心理を研究して製品を作っている私は、自分の経験を一般化しないようにかなり気をつけている。限られた経験を一般化した瞬間、製品は消費者のためではなく、自分のためのものになってしまう恐れがあるからだ。

仕事の現場で上長からこんな発言を聞くことがある。「ユーザーとして私が思うには……」「うちの子が使っていて、こう言っていたのだが……」などなど。自分を一般ユーザーの代表だと考えているこのあきれたグループがいちばんの頭痛のタネだ。自分を一般ユーザーだと思っているグーグルの社員たちも同様だ。

本を出そうと思ったとき、最初に頭をよぎったのは環境問題だった。木を犠牲にすることが許されるほど価値のある本を作れるだろうかという懸念、刷っては捨てられる出版物も多いのにゴミを増やすだけかもしれないという不安があった（最初に就職した会社の新入社員研修で、発行部数のためだけに刷ってすぐに破棄される新聞を見たことを思い出す）。

私にとっては真剣な悩みなのに、プッと笑われたり、考えすぎだと言われたり、そんなことを気にしている場合かといきり立つ人々を見て、理解してほしいとまでは思っていなかったが、余計な話をしてしまったと後悔した。

相手の感情に寄り添いたいとき、場合によっては、黙って話を聞いてうなずくだけにとどめたほうがいいこともある。こちらの誤った判断や思い込みによる決めつけがかえって相手の心を傷つけてしまう恐れがあるから。私たちが求めているものはときに、アドバイスや励ましの言葉ではなく、ただ話に耳を傾けてくれる誰かなのではないだろうか。

ヘナは結局、期限を何日か過ぎてから宿題を提出した。娘がこの問題をどんなふうに受け入れて、どう対処するかを決めるまで、私にできたのは信じて待つことだけだった。誰にでも自分の意見を言う権利があり、誰かの意見に同意しない権利もあるが、それが宿題を提出しなくていい理由にはならないという結論に至るまでのプロセスは、英語のテストでいい点数を取ることの何倍も貴重な学びだったと信じている。愛する我が子が美しく頼もしい人に成長できるように応援したい。

泣いたって何も変わらないだろうけど

この本〔『泣いたって何も変わらないだろうけど』は、詩人パク・ジュンによるエッセイ集。韓国で２０１７年に発行され、ベストセラーに〕を知ったのは、偶然見たドラマにこんな言葉が引用されていたからだ。

「言葉は人の口から生まれ、人の耳で死ぬ。しかし、死なずに人の心の中に入って、生き残る言葉もある」

誰かの言葉が遺言のように誰かの心に残り、幽霊になってしまうのはめずらしいことではない。私の心にも死なずに生き残った誰かの言葉があり、私が何気なく吐いた言葉も誰かの心の中で幽霊となって飛び交っていることだろう。

私がこの本を注文したのは、この引用句の響きに惹かれたからではない。主人公が持っていた本のタイトル『泣いたって何も変わらないだろうけど』が画面にちらりと映ったとき……私は「購入する」のボタンをクリックしていた。

わざと始めることもできないし
止めようとしてもうまく止められない
——泣くこと／『泣いたって何も変わらないだろうけど』より

泣いたって何も変わらないだろうけど、それでも涙は人間の生の感情をそのまま表していているのではないかと思う。その生の感情を見せることによって、私たちは鋭い攻撃をしばらく中断し、相手を敵でなく味方として、すれ違うだけの通行人ではなく友達として見るようになるのではないだろうか。

以前、レバノンのベイルート港爆発事故によって深い悲しみに暮れる同僚と1対1のミーティングをしたことがある。現地にいる家族が大きな被害を受け、衝撃に包まれているという。地球の反対側、アメリカで自分にできることは何もないともどかしがる彼に、私がしてあげられることはなかった。ただ「地球上で24時間以内に行けない場所はないから、後悔しそうなら今からでも行ってみるといいよ」と言い、自分の後悔話を聞かせて、しばらく一緒に泣いた。泣いたって何も変わらないだろうけど、その一件で私たちは単なる同僚を超えて、胸の内を明かせる親しい友達になった。

目から涙がこぼれるときがある。ドラマや映画を観ているとき、とても美しい海を目にしたとき、土のにおいを嗅いだとき、電話で母の声を聞いたとき、お酒を一杯ひっかけたとき。知らず知らずのうちに涙が流れてくる。そんなときは大きく深呼吸して、自分の心に身を任せる。鼻水が出て、泣き声が漏れ、全身の神経細胞が好き勝手に絡まってしまっても放っておく。心も行き場を求めていて、声を出して存在感を表したいときもあるから。

心が自分の存在を知らせたいとき、涙となって出てくる。だから、心を閉じ込めないでほしい。心をだまさないで、自由にしてあげよう。心があるから、人間だ。

恐れず、思いのままに歩んでいこう

tvNのバラエティ番組『ユ・クイズ ON THE BLOCK』が好きだ。さまざまな職業の人々が登場して、興味深い話を聞かせてくれる。なかでも、第98回「最後まで行く」編に出演した報道プロデューサー、キム・ヨンミ氏のエピソードに大きな感銘を受けた。

「命がけで紛争地域を取材する人がいる」という紹介を聞いて男性を想像していたら、女性が登場したので驚いて、子どもを持つ母親だと知って再び驚いた。

専業主婦だった彼女は離婚後、新聞で求人を探していたときに東ティモールの女子大生たちの遺体写真を目にした。なぜこんなことが起こったのかを知るために、カメラを1台持って東ティモールに向かったという。その話を聞いた瞬間、「すごい……。

本当にこんな生き方をしている人がいるなんて」と思った。

9・11同時多発テロの後にアフガニスタンを訪れた話はさらに衝撃的だった。アメリカがアフガニスタン侵攻を開始した際、理由の1つとして女性の人権保護を挙げたことから、現地の女性がどんな境遇に置かれているのかを知りたいと思ったという。怖くなかったのかと司会者に聞かれ、好奇心が恐れに勝ったと答える姿を見て、尊敬の念を抱いた（自分には決してできないことをしながら生きている人々を見ると、驚異と畏敬の念が芽生える）。

一度きりの人生、明日はどうなるのか誰にもわからない人生……。今日という1日を真摯に生き抜く彼女の人生観は実に素晴らしかった。エンディングのインタビューカットが忘れられない。南スーダンを取材中、道に迷って住民に道を尋ねたところ、スーダンのおばさんがこう言った。

「あなたが歩いたところが道になるのよ」

この言葉に勇気をもらったという。

私が歩いたから、ここが道になったのかもしれない。

これからも怖がりすぎず、この道を歩いていってもいいんだな。

そんなふうに歩んでみます。道であっても、道じゃなくても。
——キム・ヨンミPD、tvN『ユ・クイズ ON THE BLOCK』より

私たちは絶えず悩みながら生きている。正しい道を歩めているのか？　この先は行き止まりなのではないだろうか？　引き返したほうがいいんじゃないか？　そして、周囲を見回す。他の人々はどんな道を歩いているのか、自分が歩いたところを先に歩いた人はいるのか、私の後ろにも誰かいるのだろうか。道がいくつかあっても、一本しかなくても、道が見えなくても……常に怖くて、不安で、疑いを抱く。

20歳の頃、私は波瀾万丈に生きたいと言って、母に背中をぶたれたことがある。大人たちは言う。みんなと同じように、平凡に生きなさい。安全な道を行きなさい。周りと足並みをそろえなさい。1人だけはみ出さないようにしなさい、と。

すっかり年を重ねた今は、何をあんなに怖がっていたのだろうと思う。

先に歩いた人々が後悔したかもしれないその道を、そこに道があるからというだけの理由で何も考えずに歩くのはやめよう。そう言ってあげられる大人が増えることを祈る。

大丈夫。速く歩いても、ゆっくり歩いてもいい。誰も歩いたことのない道だから危険なのではなく、誰も知らないからみんなが怖がっているだけだ。

引き返しても大丈夫。引き返して見つけた人生経験が自分をさらに強くしてくれることもある。

休んでも大丈夫。歩調を合わせて歩く軍隊の行進でもないし、時刻表に合わせて乗る通勤バスでもない。

道があるから歩くのではなく、あなたが歩くから、あなたの人生の道ができる。心のおもむくまま、足の向くままに歩いてみよう。スーダンのおばさんの道案内のように……。

「あなたが歩いたところが道になるのよ」

CHAPTER

5

英語を諦めた私を救ってくれた勉強法

英語力よりも大切なことに気づくまで

英語に慣れていないと、ネイティブスピーカーたちの前で
気後れしてしまうことがある。
そのせいで自分に足りないものばかりに意識が向いて、
自分ならではの強みがつまらないもののように思えてくる。
しかし、せっかくの宝石を石ころ扱いする必要はまったくない。
自分の魅力を自覚して楽しめるようになれば、人は輝く。
自分らしくないもので覆い隠して美しく飾り立てようとしても、
それがニセモノであることは周囲にたちまち見抜かれる。
宝石が輝きを発していないとき、
他人は自分の尺度でその価値を決めてしまうものだ。

英語が下手でも気後れする必要はない

私は中学生の頃に早々と英語を諦めたが、どうにかこうにかアメリカの大学院に入学し、汗と涙の2年を経て、いよいよ修士課程を修了しようとしていた。高3のときにこれぐらい猛勉強していたらハーバード大学に行けたのではと思うほど過酷な2年間だった。

しかし、今度は就職活動という試練が私を待ち受けていた。最大の難関は電話面接。顔の見えない相手とジェスチャーやアイコンタクトなしで1時間も英語で話すのは本当につらい。だからといって避けて通ることもできない。アメリカでは多くの企業が二次試験として電話面接を実施していた（一次は書類審査）。

心から行きたかったモトローラとの電話インタビューで、私は情けない失敗をした。私の英語力に不安を感じた面接官から、業務をこなせるレベルなのかと確認された。「fluent（流ちょうです）」と答えようとしたのに、frequent（頻繁だ）という単語が出てきてしまった。図らずも面接官の懸念を裏付ける格好となった。もちろん、結果は不合格だった。

複数の企業から不採用通知が届いて意気消沈していた頃、とあるITコンサルティング企業から電話面接のオファーを受けた。私はデザインに関連した想定質問をリストアップし、スムーズに回答できるように台本を作って練習した。

練習の甲斐あって実際の電話面接も順調に進んだが、最後に面接官からこう聞かれた。

「What do you think makes a good consultant?」（いいコンサルタントになるために必要なものは何だと思いますか？）

回答を用意していない質問だった。頭の中が真っ白になり、3秒間沈黙が流れた。

「Hello, are you there?」（もしもし、聞こえますか？）

面接官に回答を催促された。もう時間稼ぎはできない。そう思った瞬間、勝手に言葉が飛び出した。

「I think there are 3 points.」（3つのポイントがあると思います）
（えっ！　何を言ってるんだろう、私。3つのポイントって何なのよ……）
ごちゃごちゃになった頭で言葉を続けた。
「1つ目は……」

今回の電話面接もうまくいかなかったな……。しょんぼりしたまま大学院の指導教授に会った。教授は私の話を聞くと、にっこり笑って言った。
「本当によくやったね！　3つのポイントの内容は何だってかまわない。3つに整理できるという可能性を見せたことが重要なんだ」
たしかに、どんな組み合わせでもそこそこサマになったと思う。専門性、信用、コミュニケーション、チームワーク、リーダーシップなどなど。要点を整理して話せるということが重要だ。私は採用通知を受け取り、アメリカで第二のキャリアをスタートした。

このときの経験がきっかけになったのだろうか。私は話すときも書くときも、ノートに要点を書くようになった。不思議なことに、たいてい3つに要約される。会議中にだらだら話すと、理解してもらうのも難しく、なかなか結論に到達しない。**会議で言葉に詰まったら、とりあえずこう言ってみよう。**

「3つのポイントがあります!」

私がその会社で担当したクライアントは、ステートファーム保険というアメリカ最大の保険会社だった。電話面接の最後に私が絞り出した3つのポイントが採用の決め手になったという。「ステートファームのプロジェクトを担当してもらうことになると思う」と面接官が伝えたのに、私が押し黙っていたので、入社する気はなさそうだと思われていたそうだ。実はそのとき私はステートファームを知らず、「どうして農場(ファーム)にデザイナーが必要なの? また不採用だな」と思っていた。

アメリカでの職場生活は、まぬけな自分を恥じる気持ちと、本当はもっとちゃんとうまくやれるのにという気持ちがせめぎ合う日々だった。

私たちは言語を使ってコミュニケーションを取り、能力を示して、周囲の人々に認めてもらう。自分の思考やアイデアを構造化し、それを適切な言語にして相手に伝え、理解してもらうこと……。それが意思疎通だ。他者に伝えることができなければ、思考もアイデアも自分の頭の中を漂う浮雲にすぎない。

だから、英語はいつも私の足をひっぱる存在だった。

アメリカで働き始めてから6年目、大きな難局にぶつかったことがある。転職した会社で仕事の引き継ぎを受けることになったが、前任者の女性は機関銃のように一方的にしゃべり続けて、相手が口を挟む隙を与えない。人の話を聞くつもりがないのは明らかで、言いたいことを一気にまくしたてて満足感と優越感に浸っているように見えた。理解できなかった部分について私が質問しようとすると、決まって不機嫌そうな表情になった。

自分の英語力に絶望したし、その場で受け答えができないことがくやしかった。そのせいでなおさら考えはまとまらず、口調はたどたどしくなり、声も小さくなった。

何かしなければと思い、私は社内のコミュニケーション講座を受講した。我ながらいい判断だったと思う。

複数の学者の研究によると、コミュニケーションにおいて辞書的言語が占める割合は20%にも満たないという。残りの80%は非言語的表現、すなわち表情や身振り手振り、声のトーン、話すスピード、視線などによって成り立つそうだ。たとえば、「いいよ」という簡単なひとことでも、どんなタイミングで、どんなトーンの声で発せられたのかによって、伝わる意味が大きく変わる。

そういう意味では、私はマシンガントークの彼女より優れたコミュニケーションスキルを持っている。私には相手の話に耳を傾ける能力があり、オープンマインドで会話を進めていけるし、（英語で遠回しに話しても伝わらないから）効率的なコミュニケーションを好み、相手の意見を尊重する。そして最終的に、お互いの意見をすり合わせて相手の合意を引き出すことができる。何より重要なのは、私と一緒に働きたいと言ってくれる人々がいるという事実だ。彼女の攻撃性や賢さは、スピード勝負の仕事には活かせるが、長期プロジェクトにおいてはむしろマイナス要素になることがあった。

グーグルでは1年に2回、業績評価が行われる。そのなかに、6〜7人の同僚が評価に参加する「360度評価（同僚評価）」がある。さまざまな評価項目に回答していくと、最後に自由回答式の質問が2つ出てくる。

「A（評価対象者）の優れた点は？」

「Aがさらに成果を出すには何をすべきだったか？」

優れた点と改善の余地がある点について、評価者は具体的で有益なフィードバックを簡潔に書かなくてはいけない。次にご紹介するのは、「キム・ウンジュの優れた点」について同僚が最近評価してくれた内容だ。

コミュニケーション。経験の豊富さと洞察力も素晴らしいが、卓越したコミュニケーションスキルと親和力を持っている。直接的でわかりやすいコミュニケーションスタイル、さまざまな利害関係を持つ人々を1つにまとめる能力があり、善良な姿勢で自らの役割を遂行する。

英語に慣れていないと、ネイティブスピーカーたちの前で気後れしてしまうことがある。そのせいで自分に足りないものばかりに意識が向いて、もともと持っていた自分ならではの強みがつまらないもののように思えてくる。

しかし、せっかくの宝石を石ころ扱いする必要はまったくない。自分の魅力を自覚して楽しめるようになれば、人は輝く。自分らしくないもので覆い隠して美しく飾り立てようとしても、それがニセモノであることは周囲にたちまち見抜かれる。宝石が輝きを発していないとき、他人は自分の尺度でその価値を決めてしまうものだ。

自分の宝石の価値は、自分で決めよう。

映画『ポリス・ストーリー』シリーズと『ラッシュアワー』の大ヒットによって、ハリウッドでも人気の高い香港俳優ジャッキー・チェン。彼がアメリカのトークショーに出演したとき、新鮮なショックを感じた。彼の話す英語が、これだけ英語に苦しめられてきた私よりもぎこちないような気がしたからだ。それでもジャッキー・チェンは聴衆の心をつかみ、会話をリードしていくではないか！　会場全体が彼のトークに魅了され、歓喜していた。

映画『ミナリ』で全世界の映画賞を総なめにした女優ユン・ヨジョンのインタビューを見よ。英語で話すときも韓国語で話すときも、役者歴50年の重みが伝わってくる。

重要なのは、本来のコンテンツだ。そのコンテンツが持つ力、特別感、そして魅力が聴衆の耳と心を開かせる。

英語恐怖症を克服させてくれた特別な勉強法

20代後半だった1998年、私は大学院留学した夫を追ってアメリカにやってきた。英語は中学生の頃に諦めて、大学でもギリギリF（落第）を免れたレベルだったから、ほとんど英語ができない状態で無謀にも海外生活をスタートしたというわけだ。基礎すら身についていない状態でサバイバル術として英語を学び、なんとか生き延びてきた。

ディスカッションはアメリカの文化でもあるが、グーグルでは私がこれまでに勤めた企業の中でも特にその能力が求められる。ソリューションよりも問題を定義することに魂を注ぎ、なぜ今これを自分たちがやらなくてはいけないのかを何度も確認する。自由な社風の中で社員が自らやりたいことを探し、やりたくないことはやらない。

そのため、人の心を動かす「影響力」が最も重要なスキルの1つとなる。影響力を発揮するには、論理的な思考と話術が欠かせない。

グーグルに入社してからの1年間、真っ暗なトンネルをさまよいながら下した結論がある。「私はこの先、かなり長い間アメリカで働くことになるだろう。英語を避けて通ることはできないのだから、今やるべきことは努力と勉強だ」

そう覚悟した私は、すぐさまオンラインのブッククラブに入会した。6人でグループを作り、英語の書籍を月曜日から金曜日まで毎日1時間ずつ朗読するという集いだ。2020年1月から現在まで、会社員・主婦・母親としての1日を終えた22時からの1時間を自分のために投資している。最初はとにかく何かやらなければという一心で始めたことだが、期待以上の効果が出ている。誰かの役に立つことを願って、私の体験談をご紹介したい。

◆漠然とした不安が消える

毎日1時間を英語の勉強に投資したことで、英語に対する漠然とした不安、「何もしていない」という自責の念、そのせいで募る「私にはできない」というネガティブな考えが消えた。そして、英語以上に私を苦しめていた自虐的思考が格段に減り、自分を誇らしく思う気持ちやポジティブな意欲も湧いてきた。運動をすると体調がよくなるだけでなく、満足感や達成感が自信につながって、心まで元気になるという効果に似ている気がする。

◆英語恐怖症を克服

前述のように、英語は中学時代に早くも諦めていたので、苦手意識が強かった。大学1年生のとき、必修科目だった英語の授業で順繰りに朗読をしたことがあるが、本当に恥ずかしくてつらかった。そのせいか人前で英語を読み上げることには抵抗があったが、オンライン・ブッククラブのメンバーは個人的に親しい間柄でもないし、似たような悩みを抱える人々ばかりなので、「間違えても大丈夫」というリラックスした気持ちで朗読ができる。

◆語彙力や表現力がアップ

恥ずかしながら、私は仕事や子どもたちの学校生活に関連する英語以外はほぼ使わずに暮らしていた。そのせいで、使える表現や英単語が限られていたが、ブッククラブで多様なジャンルの本に触れたおかげで語彙力と表現力の幅が広がった。言語はやはり背景となる文化や歴史を併せて学ぶことによって、いっそう理解が深まる。驚いたのは、新しく覚えた単語や表現が実生活の中で目と耳に入ってくるようになってきたこと。仕事に必要な英語は、少なくともある程度マスターできていると思っていたが、多くのことを見落としてきたのだなと改めて感じている。

◆英語筋のトレーニング

英語を話そうとしても「舌が回らない」と悩む人は多い。朗読を始めたことによって、英単語を覚えても会話のときに使えるとはかぎらないということに気づいた。レシピを知っているからといって料理が作れるわけではないのと同じだ。

例を挙げると、読んでいる本にcitrus（シトラス）という単語が出てきたとき、確実に知っている単語なのに、一瞬頭が真っ白になってうまく発音できなかった。

また、explicit（明らかな）、implicit（暗示された）、exacerbate（悪化させる）などの発音には、韓国語を話すときはあまり使わない顔や口、舌の筋肉を使う。そのため、意味を知っている単語なのに日常会話では使わないようにしていた。どうしても必要なときは適当な発音でごまかしていたが、決まって「Excuse me?（なんて？）」と聞き返された。

ブッククラブは、無理なく朗読の練習ができるところがいい。うまく発音できなかった単語は、より正確な発音ができるように後から復習する。そのおかげで、発音の難しい英単語を使う状況がやってきても、以前より自信が持てるようになった。

◆英語のリズムを身につける

私のサバイバル英語の最大の弱点はライティングだ。リーディングは翻訳ソフトなどで大まかな内容を把握できるし、リスニングはだいたいの雰囲気で、スピーキングはボディランゲージや相手の協力（察する能力）によって意思疎通ができるが、ライティングには英語力のなさが如実に表れる。

話し言葉であれば流れて消えていくが、文章は後に残るので、苦手意識がなかなか消えなかった。英文を書こうとするとパニックになる。時制、冠詞、前置詞は合っているのか。aなのかtheなのか、onなのかinなのか……。

しかし、ブッククラブで時制、冠詞、前置詞などを一つひとつ丁寧に音読しているうちに、勘が働くようになった。こんなときはonが来るのが自然で、こんなときはtheを使うのが自然だとピンと来るようになってきた。パソコンの文章校正ツールや単語予測機能に頼れば、もっと簡単に英文作成や修正ができるが、記憶には残らない。朗読はゆっくりと文脈に沿って感じとることによって、読み上げた内容が頭の中に刻みこまれるという効果があるようだ。

◆グループ学習がもたらすモチベーション

この十数年間、新年の目標はずっと「ダイエット」「運動」「英語の勉強」だったが、いつも三日坊主になって習慣化できなかった。でも、ブッククラブには一緒に朗読をするメンバーがいるおかげで、お互いに刺激し合い、モチベーションを保つことができる。英語の上達は（ダイエットや運動も同じだが）、勉強の方法ではなく、コツコツ続けられるかどうかにかかっているということをひしひしと感じている。

楽しみながら飽きずに続けられる、自分に合った方法を探して習慣化しよう。

◆ブッククラブで読んだ本のリスト（カッコ内は日本語版タイトル）

- James Clear『Atomic Habits』（ジェームズ・クリアー『ジェームズ・クリアー式 複利で伸びる1つの習慣』、パンローリング）
- John Green『Looking for Alaska』（ジョン・グリーン『アラスカを追いかけて』、岩波書店）
- Michelle Obama『Becoming』（ミシェル・オバマ『マイ・ストーリー』、集英社）

・Max Brooks『World War Z』（マックス・ブルックス『ＷＯＲＬＤ ＷＡＲ Ｚ』、文藝春秋）

→ゾンビ小説。コロナ禍の状況に似ている。

・Richard H.Thaler，Cass R.Sunstein『Nudge』（リチャード・セイラー、キャス・サンスティーン『実践 行動経済学』、日経ＢＰ）

・Fredrik Backman『A Man Called Ove』（フレドリック・バックマン『幸せなひとりぼっち』、早川書房）

・Hans Rosling『Factfulness』（ハンス・ロスリングほか『ＦＡＣＴＦＵＬＮＥＳＳ（ファクトフルネス） 10の思い込みを乗り越え、データを基に世界を正しく見る習慣』、日経ＢＰ）

→おすすめ！

・Agatha Christie『And Then There Were None』（アガサ・クリスティー『そして誰もいなくなった』、早川書房）

・E.H.Gombrich『A Little History of the World』（エルンスト・H・ゴンブリッチ『若い読者のための世界史』、中央公論新社）

→老子の「無為自然（Do nothing）」思想に心酔する。

・Yuval Noah Harari『21 Lessons for the 21st Century』（ユヴァル・ノア・ハラリ『21 Lessons：21世紀の人類のための21の思考』、河出書房新社）

初めてのアメリカ生活は、何もかもが見慣れなくて怖かった。最初の年に、韓国から遊びに来た家族を空港まで迎えに行ったことがある。夫は空港の送迎スペースに車を停め、飛行機が到着したかどうかを中で確認してきてくれと言った。英語が話せず、深刻な対人恐怖に悩まされていた私は、車に残ると答えた。

車内で夫を待っている間、警察官から車を動かせと指示された。私は身じろぎもせず、マネキンのように助手席に座っていた。しばらく手で合図をしていた警官は、私の目の前で駐車違反の貼り紙をワイパーに挟んで去っていった。夫が戻ってきたときのあきれ返った表情が忘れられない。

誰にでも真似できる超簡単な英語学習の習慣

私はヨーロッパに出張しているときでも、明け方に起床して、英語朗読のブッククラブに参加した。出席率でいえば、皆勤賞とまではいかないが、精勤賞はもらえそうな成績だ。

本を朗読するとき、目は口よりも速く動いて、その先の文章を追っている。どこで区切ったらいいのか、これは誰が言ったセリフなのか、今後どんな感情の変化が起こるのかなどを把握して、テンポやイントネーションを調整する。

しかし、私はまだ目も口と変わらないスピードで動く。知らない単語が出てくると発音の予想に時間がかかるし、父親のセリフを娘の声で読んだ後で間違いに気づいてしょげることもある。イ・オリョン教授〔韓国の国文学者。文学評論家〕がインタビューで言った「意味がわかっていないときは、読む声が変わる」という言葉に心から共感する。

それでも朗読を数年続けてきた甲斐あって、先の文章を目で追う力が少しは身についた。どこを区切って読めばいいのか、どの部分を強調して読むべきなのかがわかり、朗読のリズムがよくなっているのを感じる。

中学1年生で英語を初めて習ったときのことが忘れられない。大量の単語・熟語を暗記する宿題、小テスト、先生の体罰のせいで、私は英語が大嫌いになり、怖くなった。当時の暗記法の影響で、私は今もfriendという単語を見ると、「エフ、アール、アイ、イー、エヌ、ディ」という声が頭の中に響く。

たしかに、語彙力は英語学習の基礎力となる。知っている単語が増えれば増えるほど、英語が見えて、聞こえて、使えるようになる。しかし、無理やり頭に詰め込めばいいというものではない。大人になってからの勉強であればなおさらだ。私がこれまでに試してきた勉強法の中から、役立ったものをまとめてみた。

◆「1日2個だけ」を目標に

1時間の朗読中、知らない単語にアンダーラインを引いていくと、辞書が一冊できそうな量になる。恥ずかしながら、私は「1000単語だけでアメリカ生活をしている」と冗談を言うほど、基礎ができていない。そこで単語や熟語、文章表現を「1日に2個だけ覚えよう」という目標を立てた。それぐらいなら続けられそうだという気持ちになるし、無理なく頭に残る。

目標を低めに設定すれば、達成率が上がる。試験勉強ではないから、毎日コツコツ続けられる簡単な目標を立てて習慣化するのがおすすめだ。たとえ1日2個でも、1年経てば500個を超え、2年で1000個を超えると思うと馬鹿にならない。1000単語の語彙力で生き延びてきたのなら、2年で上級者になれる！　もちろん時が経つにつれて忘れてしまうものも多いし、2000単語で上級者にはなれないが、そんなふうに考えるだけでも毎日の単語選びが楽しくなる。

その日の気分に合う単語や表現の中から、幅広く使えそうなものを2つ選ぼう。難しい語彙を増やそうとするよりも、レベルに合った単語を自分のものにしていくことが大切だ。一例を紹介しよう。

lukewarm：ぬるいという意味だが、液体だけでなく、冷めた反応などに対しても使われる。

earworm：耳の虫。耳から離れない曲のこと。勉強を邪魔する無限ループ曲。

throw shade：けなす、悪口を言う。遠回しに侮辱することを意味するスラング。

saturation：色の彩度。デザインの仕事でよく使われる単語だが、「飽和」という意味で文章に出てきたのを発見してうれしい気持ちになった。

I feel marginalized（＝isolatedやexcludedも似たような意味）：つまらない、疎外された気分だという意味。Margin（余白、端）もデザインのときによく使う単語だが、新しい表現を知ることができた。

◆類義語や派生語を学ぶ

類義語や派生語、関連語を結びつけて覚える。朗読をしたときに出てきた単語をもう一度チェックすると、頭に残りやすい。

---

officious：officeとofficialは知っていてもofficiousは知らなかったが、（役人などが）横柄な態度で権威を振りかざすという意味だそうだ。言われてみれば納得できる。

plummet, plunge：真っ逆さまに落ちる、急落する。株価が下落するときによく目にする単語だ。

mutter（つぶやく）, mumble（ぶつぶつ言う）, murmur（こそこそする）：小説によく登場する表現。娘にそれぞれの違いを説明してもらった。

counterproductive：productive（生産的な）とnonproductive（非生産的な）は仕事でよく使っているが、「逆効果」をcounterproductiveと言うのは初めて知った。なるほど。

◆由来や語源を調べる

本を読んでいると、単語の由来を知りたくなることがある。由来や語源がわかれば、記憶に残りやすくなる。

bear market, bull market：下落相場（ベア）と上昇相場（ブル）。株式相場を表す言葉で、下落相場はクマが戦うときに前脚を振り下ろすしぐさ、上昇相場は牡牛が角を突き上げるしぐさに由来している。証券街に雄牛の銅像が多いのは、これが理由らしい（画像検索をしてみてほしい）。

fiddlesticks!：バカバカしい、くだらないという意味。fiddleはバイオリンなどの弦楽器、fiddlesticksは弓を指す。バイオリンがないのに弓だけがあるという状況。

The proof is in the pudding：プディングの味は食べてみなければわからない＝予測と結果が異なることもあるという意味で広く使われる。翌日の会議中、テスティングの話題が出たときに誰かがこの表現を使っているのを聞いて、うれしかったことを覚えている。

hue and cry：「色調」という意味のhueはデザインのときによく出てくるが、他に「叫び声」という意味もある。cryには「泣く」の他に、「悲鳴」という意味もある。hue and cryで「大騒ぎ」「激しい叫び声」という意味になる。I raised a hue and cry.（私は力いっぱい叫んだ）

◆グーグルの画像検索を利用する

英単語を検索するとき、私はまず韓英辞典を使う。ピンと来ないときはグーグル検索で英英辞典の定義を確認し、「画像」タブをクリックする。画像検索で単語の写真やイラストを確認すると、説明文を読むよりも意味を理解しやすいだけでなく、記憶にも残りやすい。試しに、次のような単語の画像を検索してみてほしい。

bull market：上昇相場
pew：木製の長いベンチ
noose：一端を引くと輪が締まる縄

hut：小屋
fizzled out：立ち消えになる
nibble：少しずつかじる
cot：ベビーベッド、簡易ベッド

◆ニュース検索で実際の使用法をチェック

グーグルで単語を検索した後、どんな場面で使われている単語なのか、また、古典に出てきた単語が現代でも使われている表現なのかを知りたいときなどは、「ニュース」タブをクリックしてみよう〔検索の地域設定を変えれば、海外の検索結果を表示できる〕。

shun：避ける
Australian state says work from home is over, but employees still shun office.
（オーストラリア政府は在宅勤務の終了を宣言したが、会社員は出勤を回避している）
Shoppers who shun credit cards will still borrow $20 for candy.
（クレジットカードの使用を避ける消費者は、相変わらずキャンディを買うために20ドルを借りるだ

ろう）

reckon with：処理する、処罰する

How COVID-19 forced social media to reckon with misinformation?

（コロナによって、SNSはどのようにデマに対処するようになったのか？）

◆ストーリーで記憶を定着させる

私が所属するブッククラブは朗読50分、情報共有（単語、表現、解釈）10分で構成されている。いつもおばさん同士のおしゃべりタイムが長くなってしまうが、これが単語の暗記になかなか役立っている。

dunce：バカ、劣等生の意。dunce hatとはその昔、勉強をしない生徒にかぶせた三角帽のことだという。授業中に騒いだ生徒が罰として廊下や教室の後ろに立たされるのと似たような文化らしい。ひどい罰だという話になったが、この単語は一生忘れそうにない。

cope with：対処する。病院勤務のメンバーが救急時に対応するときによく使う単語として例を挙げながら説明をしてくれたおかげで頭に残った。

lucrative：儲かる。会計士のメンバーが自分の姉がよく使う単語だと説明してくれた。羽振りのいいお姉さんの悪口を言っていたのでよく覚えている。ふふふ。

◆覚えた英単語を仕事中に使ってみる

新しい単語や表現を覚えたら、できるかぎり仕事中に使ってみようと心がけている。たとえば、「surreal（超現実的な）という形容詞は、コロナ禍に絡めてよく使った。以前は聞き流していた英語表現が聞こえるようになってくると、満たされた気持ちになる。

take it with a grain of salt：話半分に聞く、うのみにしない。直訳すると「少量の塩を振りかけて食べる」。塩が魔除けに用いられていたことが由来という説がある。

fungible：代替可能な。

you've got chops（chops=skill/performance）：才能がある、腕がいい。chopは「口」「みじん切り」「骨付き肉」などいろいろな意味を持つ単語だが、この表現は「熟練のトランペット奏者の口」に由来しているという。

whack a mole：もぐら叩きゲーム。It's like whack a mole. as soon as you fix one, another appears.（もぐら叩きみたいだ。一つを修理したら、別のところが壊れる）

leaders control the weather：リーダーが天気を操縦する。リーダーがチームや会社全体の雰囲気を左右するという意味。

◆グーグルで発音の練習をする

発音が難しい英単語は、グーグルを利用して反復練習をしてみよう。調べたい単語の前か後に「発音」または「how to pronounce」と入力してグーグル検索すると、口の形のイラストがついた発音チェックの画面が表示される。アメリカ英語かイギリス英語を選んで、スピーカーのアイコンをクリックすると、それぞれの発音を聞くことができる。

アンドロイドのスマートフォンであれば、自分の発音がどれぐらい正しいかをＡＩにチェックしてもらうことも可能。「Practice」というマイクのアイコンをクリックしてから単語を読み上げると、うまく発音できていない部分を解説してくれる（検索前にスマートフォンの言語設定を「English」に変更しておく）。

英語の話になると、つい文章が長くなってしまう。それだけ試行錯誤を重ねてきたということだ。愛しくて憎らしい、イングリッシュ！

産後の私をサポートするために、母がアメリカまで来てくれたときのこと。2人で布地の店にショッピングに行った。欲しかったのは、服の生地が擦り切れた部分に貼る補修布。縫わずにアイロンで貼るだけのきれいな布がたくさんあると聞いたからだ。

ところがいざ店に着くと、商品名もわからないし、なんと説明すればいいいかもわからない。困り果ててしばらく探していると、せっかちな母が店員に聞いてみろという。何と言えばいいかわからないと答えると、母はもどかしげに「エクスキューズ・ミー！」と叫んだ（わぁ、うちのお母さん、勇気ある）。

母は英語を話すとき、鼻が詰まったような声を出す。

ズボンを指さして「ズボン」、両手で○印を作って「パンク」、両手で×印を作りながら「テンパン」（穴を塞ぐという意味の韓国語）……。そして満足げな顔で答えを待っていた。私は恥ずかしくてしょうがなかったが、なんとかその場を収めた。お母さん……。

紆余曲折の末に商品を購入し、急いで店を出た後で、ズボンは英語で「パンツ」だと教えると、母はこう言った。

「おやまぁ。おかしな人たちだね。パンティもパンツで、ズボンもパンツなのかい？」

母はその日、新しい単語を1つ覚えた。母と私のドタバタ英語シリーズを本にしたら、大ヒットするのではないだろうか？

CHAPTER

6

5年後の自分はどうなっているのだろう？

望み通りの人生を生きるために
今やるべきこと

準備にかけた時間が長ければ長いほど、
費やした努力が多ければ多いほど
失敗したときの傷と失望は大きくなる。
準備の時間と努力を最小限にして、
小さな挑戦を積み重ねていけば
まるで複利がつくように、
実力が確かなものになり、経験値が上がっていく。
準備ができてから挑戦するのではなく、
挑戦してから準備を始めよう。

私の人生を変えてくれた1枚の表「Meファクトテーブル」

渡米して最初の職場となったアメリカ最大の保険会社・ステートファーム保険の本社は、イリノイ州のブルーミントンという小都市に位置している。自宅のあるシカゴからは約200キロ離れており、車で通勤すると片道2時間以上かかる。幸いにも会社が家を用意してくれたので、私は「週末婚」スタイルを選び、平日はブルーミントンで働いて、週末はシカゴに戻って夫と過ごした。

ブルーミントンは典型的なアメリカ中部の小都市という雰囲気で、自分が異邦人であることを毎日痛切に感じさせられた。何もかもが大変な時期だった。週末婚、アメリカでの初めての会社生活、そして何よりも保険業界に慣れるのが難しかった。

保険業向けのシステムをデザインするには、まず保険という領域について知っておく必要がある。さまざまな保険用語（保険証書を英語で「policy」といい、保険契約者を「policy holder」ということもこのとき初めて知った）、保険外交員やマネージャーなどの従事者がどんな仕組みで仕事を進めているかを把握しないといけないのに、なじみのないことばかりで理解できないことだらけだった。学習速度が遅く、貢献度が低いせいで仕事にやりがいを感じられず、ここで成長していきたいというモチベーションを保つことができなかった。

入社して2年が経ったとき、気持ちが固まった。

「ここは私のいる場所じゃない。転職しよう」

私は転職の方向性を定めるために「Ｍｅファクトテーブル」という表を作成して自己分析を行った。その名の通り、自分に関するファクトを「私は○○だ」と端的に列挙し、そのファクトにおける長所と短所を隣に書く。そこから見えてきた人生の戦略を書き出した結果、進むべき道が明らかになった。

モトローラで働こう。

グローバル市場を対象とする仕事をしたい。携帯電話の世界市場において大きなシェアを持つ韓国の事情にくわしい。各国の電気通信事業者の複雑な要求に応える能

〈Meファクトテーブル〉

ファクト	長所	短所	戦略
私は韓国人だ	韓国（アジア）市場を見る視角、観点、経験を持っている。	アメリカ市場での経験が足りない。	グローバル市場を対象に仕事を探そう。韓国が先導する領域であればなお良し。
私はインタラクションデザイナー*だ	インタラクションデザイナーだが、ビジュアルデザインとコーディング、リサーチの経験もある。	インタラクションデザイナーの仕事は説得・論争の繰り返しなので、コミュニケーション能力が重要だ。私の英語力は明らかに短所だ。	アメリカのインタラクションデザイン業界の人々は、認知心理学、人間工学、HCI(Human Computer Interaction：人間とコンピュータの相互作用)を専攻した工学部出身者がほとんど。デザイン全般の経験があることをアピールできる仕事を探そう。
私はイリノイ工科大学デザイン大学院の卒業生だ	名門デザイン大学院の卒業生ネットワークのパワー。	なし。	イリノイ工科大学卒業生のネットワークを活かす。
私はアーリーアダプター**だ	新しい技術とツールの習得が好きだ。	アメリカの消費者と視点が違うかもしれない。	新技術を先導する製品を作る企業で働こう。
私は論理的だ	基幹システムとフレームワークを作る仕事が得意で好きだ。	aesthetic(美的感覚)は私のアピールポイントではない。	複雑な問題（システム、新技術など）を解決する仕事に向いている。
その他	**好きな分野** ・私自身もメインの顧客ターゲット層に属している製品 ・まだ新しい分野で、正解が決められていない製品 ・人を観察する仕事 ・手で触れることのできる実体のある製品	**無関心・不得意な分野** ・乗り物（車、飛行機など） ・経済関連（保険、銀行など） ・サービス（文化と社会への深い理解が必要） ・子どもや老年層が対象（間接経験による理解の限界）	

*インタラクションデザイナー：Webサイトやアプリなどをユーザーがストレスなく使えるようにデザインする職業
**アーリーアダプター：新しいガジェットやサービスなどを比較的早期に取り入れる人

力を持っている。小さな画面という制限の中で視覚効果の高いデザインができる――私の希望と長所に見合う転職先として、これ以上ふさわしい会社はないと思えた。目指すべき場所がわかったら、あとはたどり着く方法を探すだけだ。

新たに加わった「コンサルタント」という肩書きと「ステートファーム」というクライアント名が、履歴書に箔をつけてくれた。自分をどんなふうにアピールすべきかという戦略も定まった。シカゴに本社を置くモトローラには、イリノイ工科大学（IIT）の卒業生が多く、推薦や紹介を頼める同窓生が大勢いる。しかもタイミングのいいことに、モトローラは野心作のフィーチャーフォン「RAZR（レイザー）」の発売に向けて増員採用を行っているところだった。こうして私は2004年4月、モトローラへの転職に成功した。

モトローラでの仕事は私にぴったりだった。私に限らず、モトローラのデザインチームで働く韓国人スタッフの誰もがその仕事ぶりを高く評価されていた。韓国人は暗記に慣れている。何事も処理が早く、基本的にまじめな人が多い。そして、ミスがないように几帳面にチェックする。なぜかって？　ミスをすると、ひどく叱られながら学んできたからだ。

当時はまだグーグルのアンドロイドやアップルのｉＯＳのような完成度の高いプラットフォームがなく、端末メーカーは各通信事業者の要求事項に合わせてカスタムした製品を納品していた。国・地域別、通信キャリア別、モデル別に仕様が異なるという複雑な状況だ。

私は通信キャリア別の仕様と各モデルの機能をほぼ暗記していた。他のデザイナーたちは通信事業者から要求を受けるたびにデザインの仕様を調べるので問題解決に時間がかかるが、私はすべての仕様が頭に入っていたので、誰より早く正確に仕事を処理することができた。アメリカ人のマネージャーはそんな私のことが不思議でたまらない様子だった。


そんなある日、マネージャーの１人が退職してポストが空席になった。私は部長に直談判し、自分に任せてほしいと申し出た。そして、なぜ私がマネージャーに適任なのか、あなたはなぜ私を今このポストに就けるべきなのか、マネージャーとなった暁にはどんなことをカバーするつもりなのかを力説した（ものすごく緊張した。事前に台本を作って暗記するまで練習したが、それでも心臓がドキドキした）。部長が「検討する」と言った数日後、私が新マネージャーになったことが発表された。アメリカで初めて管理職に就いた瞬間だった。

マネージャーという立場になると、「泣く子は餅を1つ多くもらえる（積極的に要求する人ほど得るものが多いという意味）」ということわざの意味がわかった気がした。マネージャーは読心術者ではない。だから、会社や上司に対して要求があるときは、きちんと話をして伝えなくてはいけない。

後日、韓国の会社でマネージャーを務めていたときのことだ。男性社員は昇進年次になるとマネージャーに面談を申し込んで自分をアピールし、昇進に何が必要かを質問する人が多かった。ところが、同じ期間に昇進したいとアピールしにきた女性社員は1人もいない。

昇進の希望を上司に伝えるのは卑怯なことではない。自分のキャリアにそれだけ切実かつ真剣に向き合っているということだ。

成果を上げて出世につなげるには、大きな仕事を任せてもらうことが重要だ。上司に意思表示をすれば、チャンスとなる仕事を割り振ってもらえる可能性が高まる。昇進したいなら、うじうじと悩みすぎないようにして、自分の食いぶちを自分で増やすために行動しよう。食いぶちは大切なものだから。

仕事へのやる気を取り戻すキャリアアップの方法

2004年に発売されたモトローラの初代レイザーフォン「RAZR V3」は、空前のヒットを記録した。10%程度に低下していた市場シェアは、一気に22%まで上昇。その後、モトローラは後続機として、カラーや素材だけを変え、デザインはV3と大きく変わらない派生モデルを次々と発売した。製品のヒットによって取引先となる通信事業者も大幅に増え、注文が殺到した。これに伴い、ソフトウェアのバージョンも増えた。

デザイナーのメイン業務は、新たなデザインを生み出すことではなく、通信事業者の要求事項に合わせた製品を納品することになってしまった。既存の複雑なソフトウェアのせいで、改善作業はしだいに難しくなっていった。

未来を見据えることのない、その日暮らしのような企業は坂を下っていくばかりだ。そんななか、夫がついに博士号を取得し、サンディエゴの大学研究所からポスドクのオファーを受けた。

私もそろそろモトローラを去るときがやってきたようだ。その夜、早速ネットで求人情報を検索した。サンディエゴに本社を置くクアルコムがデザイナーを募集しているという告知が目に入った。

「これだ」

10回の転職経験のうち、自分で求人情報を見つけて応募し、合格した会社が2社ある。1社は韓国で初めて就職したデジタル朝鮮日報で、もう1社がこのクアルコムだ。転居費はクアルコムが負担してくれることになり、2007年、私は9年暮らしたシカゴを離れて、サンディエゴに移住した。その後、モトローラは衰退の一途をたどった。2008年に3000人解雇、2009年には4000人を解雇。図らずも沈没寸前に脱出することができたわけだが、悪いニュースを聞くたびに申し訳なくて切ない気持ちになった。

仕事の成果が出なくてやる気が下がったときや、ミスが続いてモチベーションが保てなくなったとき、転職するつもりはなくても新たな挑戦が必要なときは、いつもと違うことをしてみよう。自分のアイデアを特許出願する、大学で特別講義をする、学会で発表をするなど、毎日の仕事とは違ったことに挑戦すると、ぽっかり穴の開いた心が満たされる。私たちに必要なのは自分の存在意義を見つけ出すことだからだ。

パソコンからモバイルへと産業の軸が移り、クアルコムの特許ロイヤルティ収益も大きく伸びた。サムスン電子、ファーウェイ、アップル、メディアテックといった移動体通信用の半導体メーカーは、クアルコムの特許ライセンスがなければチップを作ることができない。特許権は技術的なアイデアを独占できるよう守り、働かなくてもライセンス収入をもたらしてくれる、金の卵を産むガチョウのようなものだ。

私もクアルコム在職中に登録した特許をいくつか持っている。アイデアさえあれば、社内の担当部署が特許出願の手続きをサポートしてくれるのだ。特許権取得までのプロセスはかなりややこしいので、会社の奨励と支援がなければ申請していなかったと思う。社員の手間を減らし、自社の知識財産権（ＩＰ：Intellectual Property）を確保する良いシステムだ。

クアルコムでは、私のその後のキャリアの方向性を定める、２種類の重要な業務を経験した。１つは「プラットフォーム〔サービスやシステム、ソフトウェアを提供するための土台・基盤となる環境〕とエコシステム〔生態系。製品や企業が連携・協業し、共存しながら収益を生み出す仕組み〕」、もう１つは「ＡＲ〔拡張現実。スマホ用ゲームの「ポケモンＧＯ」のように、実在する風景に仮想世界を重ね合わせて表示する技術〕のデザイン」だ。

クアルコムは、フィーチャーフォン向けのモバイルアプリを誰でも開発・配信できる「ＢＲＥＷ」というプラットフォームを２００１年から運営していた。私が担当したのは、ＢＲＥＷを利用して作られたモバイルアプリの生態系全般に必要となる以下のようなシステムをデザインする業務だった。

アプリ開発者用のポータルサイトは、作ったアプリを登録して価格を設定し、プロモーションを設計して、ダウンロード数などの統計情報を見るためのシステムだ。また、アプリストアの商品管理システムは、通信キャリア各社がプロモーション表示するアプリを選び、商品リストの構成などを管理して運営するために使われる。

モバイルコンテンツがエコシステムの中でどんな人の手を経てユーザーの元へ届けられるのか、その過程で誰がどんな役割をし、共存しているのかを学べる良い経験だった。

ところが、2年にわたって取り組んだこのプロジェクトは、途中で打ち切られてしまった。スマートフォン時代が到来したからだ。しかし、プロジェクトの成否はそれほど重要ではない。2年間の努力が世に出なかったことは少し残念だけれど、「プラットフォームとエコシステム」を学んだ経験は、その後のキャリア開発とパーソナルブランディングの重要な足がかりになった。**この世のすべてのものには良い面と悪い面がある。自分が何を見て、何を受け入れるかによって、差が生まれる。**

プロジェクトの中止後、私はVuforia（ヴューフォリア）のチームに加わった。Vuforiaとは、クアルコムが作ったAR開発用のプラットフォームだ。ARモバイルアプリの開発者にソフトウェア開発キット（SDK）を提供し、専用サイトでARアプリデザインのガイドラインや開発方法、クラウドソリューションなどを提供するサービスである。Vuforiaの全体デザインを任された私は、このとき初めて、スクリーンの外のユーザーエクスペリエンスについて考えるようになった。

それまで私が手がけてきたデザインのほとんどは、スクリーンをどう設計するかがメインだった。スクリーン上の情報のレイアウト、動作ボタン、メニュー名、相互作用の構造などを、ユーザーにとって使い勝手のいいものにすることが主な課題だった。

ところが、ARはコンピュータビジョン技術を活用し、現実世界にバーチャルな視角情報を付け加えて拡張する技術なので、人と機器、使う環境や対象間の相互関係がデザインの核心となる。初めて経験する新分野への挑戦はとても興味深かった。多様な実験と研究、リサーチによって編み出したノウハウでデザインのガイドラインを作って共有し、製作参考用のアプリを作り上げた。

エコシステム参加者に基盤を提供し、彼らが生み出した結果によって、私たちがまた学び、発展していくというシナジー効果が心地よかった。「共に学び、遊んで、作ろう（Learn Play Build Together）」精神が躍動的な流れにつながった。誰もが同志となり、失敗談を分かち合い、ノウハウを共有する新しい場。決まったルールがなく、まだ足跡のない道が私は好きだ。

金鉱は、人の少ないところで発見されるもの。こうした新しい分野のメリットは、失敗が財産になるという点だ。また、どんなに小さな発見や成功でも他の人々にとっては貴重な指標となるため、その分野において比較的簡単にポジションを確立することができる。

そこで、私はカンファレンス（学会）に参加して発表をすることにした。学界と業界が交わるカンファレンスは、社外のネットワークを広げる絶好のチャンスだ。現場実務者を対象とした発表は新たな挑戦の機会になり、会社の経費でちょっとした旅行気分まで味わえる。

学会には論文提出、講演、講義、ワークショップ、事例発表、パネル討議など、さまざまな参加の形があるので、自分に合ったものを狙うといい。私は実践で学んだノウハウを共有したいと思い、事例発表とパネル討議を中心にエントリーした。

アメリカのカンファレンスは通常5～7カ月前に参加申し込み受付が始まる。この時点では概要を提出するだけでいいので、大がかりな準備は必要ない。同じ内容で数カ所に申請して、結果を待つだけでいい。選ばれたらラッキーだし、ダメでも構わない（69頁「ボールを投げよう」でお伝えしたように、発表者へのエントリーも未来の自分がなまけないようにあらかじめボールを投げておくという仕掛けだ）。

私は2013年6月にサンフランシスコで開催された「ARエキスポ・カンファレンス」で事例発表セッションの登壇者に選ばれた。いざ選ばれたときは「しまった」と思ったが、これもまた過ぎ去るということを経験から知っていた。準備の時間はたっぷりある。

発表の構成を考えてみたら、韓国開催の学会でも発表できそうな気がした。韓国の学会はアメリカと違い、開催の直前に申し込みの受付が始まる。そこで2013年2月に韓国で開催されるヒューマン・コンピューター・インタラクションのカンファレンス（HCI KOREA）にエントリーしたところ、事例発表者に選定された。発表者に選ばれると、学会参加に伴う諸経費を会社に負担してもらえることが多い。私は航空券や宿泊費などの支援を受けて、韓国に一時帰国するという一挙両得の機会を手に入れた。

やる前から失敗を恐れて、余計な心配をする必要はない。研究員として多くの研究実績を積む必要があるわけではないし、会社員がカンファレンスの発表者にエントリーして落選しても何のダメージもない。運よく発表者に選ばれたら、そこから準備を始めればいい。

たとえ本番でしくじったとしても他人の失敗をいつまでも覚えている人はいないが、カンファレンスで発表をしたという経歴はいつまでも履歴書を輝かせてくれる。発表者として参加すれば、一般参加のときよりもさまざまな人と出会ってネットワークを広げるチャンスが増え、スペシャリストとして社内での信頼度もアップする。発表のクオリティが最重要なのではなく、発表をした実績が自分を成長させてくれる。

今は「至誠天に通ず〔真心を持って事に当たれば、いつかは天に認められて報われる〕」の時代ではない。真心を尽くしてぐずぐずしていたら、天に召されてしまう。井華水〔明け方に汲んだ井戸水。最も清らかとされ、神仏に供えるときに使われる〕を供えて祈るのはやめて、まずは行動しよう。

1977年にロックバンド、サンウルリムのメンバーとしてデビューしたキム・チャンワンは、40年以上にわたって歌手や俳優、DJ、作家として活動している。彼はあるインタビューで「幅広い業界の人々があなたに会いに来ます。その秘訣は何でしょうか？」と聞かれて、こう答えた。

「あまり知られていないことがあります。私は人のいるところにいただけ。向こうから会いに来たんじゃなくて、私がいろいろな人に会って回ったんです。冗談みたいですが、本当の話です。私に会いに来る人なんていませんよ。目につくところにいただけです」

韓国で知らない人はいないほど有名で、長年現役で活動しているが、今も変わらず自分から人に会いに行くという。キム・チャンワンですらそうなら、誰かが自分に会いに来るのをただ座って待つなんて、望夫石〔夫と生き別れた妻が、帰りを待ち望みながら化したという伝説を持つ石〕になるようなものだ。

財テクの基本は、分散投資と長期投資だ。利子に利子がつく「複利の奇跡」を経験したことがある人なら、長期投資によって着実に少しずつお金が増えていく喜びがわかると思う。銀行預金で安全に時間をかけて資金を集めても、一括投資をすればリスクが高まり、失敗したときの痛手も大きい。投資の専門家でもないかぎりは、複数の投資先に投資を分散し、複利を狙った長期投資をするのが安全だ。

キャリアを管理して発展させていくジョブテクも同じ。準備にかけた時間が長ければ長いほど、費やした努力が多ければ多いほど、失敗したときの傷と失望は大きくなる。準備の時間と努力を最小限にして（うまくいくかわからないことに過度な時間と努力を費やすのは賢い投資方法とは言えない）、小さな挑戦を積み重ねていけば、まるで複利がつくように実力が確かなものになり、経験値が上がっていく。

準備に長い時間をかけても、他人から見ればまったく商品価値がない。あなたの商品価値は、実績がジョブ通帳に記帳されたときに生まれる。**準備ができてから挑戦するのではなく、挑戦してから準備を始めよう。**順番を間違えてはいけない。これがジョブテクの基本ルールだ。

私がグーグルとアマゾンに同時に応募した理由

毎年12月に欠かさずやっていることが3つある。1年の主な成果をまとめて履歴書をアップデートすること、親しい人にあいさつメールを送ること、2年後・5年後・10年後を見据えて何をしておくべきかをチェックすること。

韓国でサムスン電子に在職していた2017年の年の瀬、私はあれこれと思い悩んでいた。当時の私は40代半ばで、順調にいけばあと5年はデザインの実務を続けられそうだった。でも、その後の未来を思い描くことができない。60歳まで現役デザイナーとして働きたいと思っているけれど、韓国でそれを実現するのは簡単ではなさそうだ。娘たちは小学校高学年になり、学校の授業は塾なしではついていけないほど難しいレベルになりつつあった。アメリカならまもなく中学校に入学する年齢だ。さまざまな面で変化が必要な時期だった。

アメリカにいる友人たちに年末のグリーティングメッセージを送りつつ、そちらに戻る方法を調べてみるつもりだと伝えた。すると、大学院時代に出会い、モトローラとサムスンでも同僚だった親友からこんな返事が返ってきた。

「Hey Eun-joo,you should join Google!(やあ、ウンジュ。グーグルにおいでよ!)」

現在勤務しているグーグルの人事チームに私を紹介してくれるという。それほど待たずして、グーグルの採用担当者と電話面接をすることになった。面接というよりも、なんとかして採用を成功させなければという担当者の心意気が感じられた。

それもそのはず、私はマイクロソフト、モトローラ、クアルコム、サムスンといった世界的な大企業で22年の実務経験を積み、サムスン電子のウェアラブル製品で多数のデザイン賞を受賞して〝業界をリードする人物〟に選ばれたという実績、ARとウェアラブル分野のディスラプト(既存のルールを打ち破り、新たなヒットを生む人)というイメージなど、IT企業が求める経歴を有していた。しかも、あとから知ったことだが、私を推薦してくれた友人が報告書に最高の賛辞を書いていたため、すぐに連れてくるべき人材とみなされていたという。

私は「3つの条件を満たす仕事ができるなら転職を検討する」と採用担当者に話し

た。自分の売り物に自信があるときは、優雅に機先を制するのがセールスのテクニックだ。

1つ目、白いキャンバス。すなわち、新しい分野に携わりたい。

2つ目、プラットフォームとエコシステム。参加者がやってきて、共に作って遊べる〝場〟を作りたい。

3つ目、ハードウェア・インタラクション。日常生活で一般ユーザーが使用する物理的な製品経験を望む。

私は自分のやってきた仕事がこの3つの条件を満たしていること、なぜそれを今後も続けたいのかという理由を説明した。担当者はじっくり話を聞いてくれ、グーグルに他にも知人がいるかと私に聞いた。社内に私を推薦してくれる人が多ければ、採用の可能性がぐんと高まるからだという。そこで私はグーグルに勤める知人たちに連絡をして、推薦を依頼した。数年ぶりに連絡をしたにもかかわらず、喜んでくれる友達がありがたかった。

そのうちの1人から、数年前にアマゾンに転職したという返信が届いた。またアメリカに戻ってくるならアマゾンに来いと言い、人事チームに私を紹介してくれるというではないか。求職活動中、複数の内定をもらうと企業同士で人材の奪い合いが起こり、何かと有利になる。できれば同時にいろいろな企業にエントリーしておいたほうがいい。こうして私は、予定になかったグーグルとアマゾンの選考を同時に受けることになった。

平日は仕事で忙しかったので、週末にポートフォリオを作ってそれぞれの企業に送った。幸いなことにサムスン電子で私が手がけたプロジェクトはすべて製品として発売されていて、公開可能な資料が多かったため、ポートフォリオ作りには苦労しなかった。

グーグルからは、シリコンバレー本社のグーグルアシスタントチーム（自社の人工知能製品を作る部署）から面接の連絡が来た。アマゾンのほうは、シアトル本社のアレクサチーム（同じく、アマゾンの人工知能製品を作る部署）と、カリフォルニア州クパチーノの極秘プロジェクト（いまだにどんなプロジェクトだったのかわからない）を進行するチームから会いたいと連絡があった。

それぞれの採用担当者と電話面接をした後、対面面接の日程が決まった。私は双方に現在の進行状況を知らせた（ライバル企業同士の場合、採用フローにおいてこちらが主導権を握るために役立つ）。対面面接にあたって、グーグルは韓国－アメリカ間の航空券と宿泊費、アマゾンはシアトル－カリフォルニア州サンノゼ間の航空券と宿泊費を負担してくれた。

すべてのスケジュールを1週間に詰め込んだ。土曜日に韓国を出発してアメリカに到着。日曜日に現地時間適応、月曜日はシリコンバレーでグーグルの面接（アメリカの面接は1日がかりだ）、火曜日はクパチーノでアマゾンの面接。水曜日にシアトルへ移動して、木曜日にアマゾン本社で面接を済ませた後、サンノゼに移動。金曜日にサンノゼ空港を出発し、土曜日に韓国到着。殺人的な日程だったが、休暇を1週間以上取るのは無理だった。

アメリカの対面面接は通常、1時間程度のプレゼンテーションから始まる。出発直前まで残業が続いていたため、仁川（インチョン）空港でようやく資料の準備に取りかかった。飛行機の中でも、ホテルに到着してからも資料を修正し、発表のリハーサルをして、想定される質問に対する回答を用意した。

グーグルのプレゼンテーションには5人が参加した。私が発表を終えると、質疑応答の時間が設けられた。その後、合計6人の面接官と代わるがわる1対1の面接が行われた。6人の中にはプロジェクトマネージャーとエンジニアもいた。手がけたプロジェクトについて質問され、即興の課題が出た。私はノートパソコンを開いて資料を見せ、ホワイトボードを使って内容を説明した。

面接が終わってホテルに戻ったときはもうへとへとだった。しかし、まだアマゾンの面接準備が残っている。グーグルとは別の対策が必要だったが、クパチーノのチームが手がけているプロジェクトの内容がわからないので、作戦を練るのが難しかった。


火曜日にアマゾンの面接を受けたが、相変わらずプロジェクトの内容は明かされなかった。ただ、とても重要な機密プロジェクトを進行中だということと、天まで届きそうな自負心が伝わってきた。アマゾンのクパチーノオフィスはグーグルの隣町にあり、選考プロセスにおいても役立ちそうだと思って面接を受けたが、何をするのかわからないチームにはあまり興味を引かれなかった。

シアトル市内に位置するアマゾン本社は、とても魅力的で活気にあふれていた。シリコンバレーの風景は、実はアメリカの一般的な中小都市とたいして変わらない。世界最高のＩＴ企業が集まるハイテク産業の聖地というイメージからはほど遠く、初めて訪問した人はがっかりするほどだ。高層ビルが立ち並んでいるわけでもなく建物が密集しているわけでもないので、ここが本当に噂のシリコンバレーなのか疑わしくなる。一方、シアトルの中心街には急成長したアマゾンが買い取って改築した建物や新しい本社として建てた高層ビルが並び、〝アマゾンの都市〟という雰囲気だった。

水曜日に到着し、アマゾンが実験的に運営するレジなし無人コンビニを見に行った。天井に設置された数百個のカメラが人間の動きを感知しながら動いていた。この先の未来において、店員という職業は減っていくだろうが、カメラの技術を開発する人と機械を管理する人は増えそうだなと思った。

アマゾンのオフィスは、ペット連れで出勤している人が多い。活気あふれる都市が持つ魅力が確かにあった（グーグル社員の中にも、そんな都市の雰囲気が好きで、オフィスのあるマウンテンビューまで60キロも離れたサンフランシスコから通勤している人々がいる）。

アマゾンにはよく知られた「リーダーシップ14カ条」がある。アマゾンの面接についてネット検索してみると、この原則に基づく質問を受けたという体験記がいくつか見つかった。そこで、リーダーシップ原則のそれぞれに当てはまる具体的なケースを自分の体験の中から探し出して、それを筋道立てて説明できるように準備した。

グーグルと同じように、アマゾンの面接も1時間のプレゼンテーションから始まり、続いて5人と1対1の面接が行われた。アマゾンの面接は、グーグルよりも事務的でクールな印象だった。

殺人的なスケジュールを終えて緊張が解けたとたん、空腹感に襲われた。しばらくまともに寝ていないし、この1週間は食事がほとんど喉を通らず、コーヒーばかり飲んでいたせいだ。韓国に戻る飛行機に乗るために、シアトル空港に到着した。飛行機の出発時刻までまだ余裕があったので、空港のレストランで1週間ぶりにしっかり食事をとった。

それがいけなかったのだろうか。飛行機の離陸後しばらくすると、冷や汗が止まらなくなり、めまいと吐き気に襲われた。狭い飛行機の廊下でトイレの順序を待ったが、その後の記憶がない。気を失って倒れたのだ。どれぐらいの時間が流れたのかわからない。気がつくと、顔に人工呼吸器が装着されていて、乗務員が隣で懸命にバッグを押して酸素を送り込んでいた。幸いなことに乗客の中に看護師がいて、問診をしながら私の状態をチェックしてくれた。ぞっとした。「あぁ、人間こんなふうに死ぬこともあるんだな」という恐怖。翌日、長時間フライトの韓国行き飛行機に乗るのは怖かったが、月曜日から出勤するためにはやむを得ない。

無事に韓国に戻ってからも仕事が手につかなかった。転職活動を始めたときは「受かっても落ちてもいい」と思っていたのに、4カ月にわたって行われた選考過程を経て最終面接まで終えると、絶対に転職したいという気持ちになっていた。

グーグルでは、採用プロセスのすべてが採用委員会によって進行されている。委員会が意見を調整し、意思決定を出すまでに長い時間がかかることで有名だ。応募者の立場からすれば、この段階で疲れ果ててしまう。

採否の決定スピードを上げるためにベストな方法は、ライバル企業を利用することだ。「早く決めなければライバル企業に行ってしまうかもしれない」という焦りを感じさせ、「他人が欲しがるものが欲しくなる」という心理効果をもたらすことで、交渉が有利になる。

転職プロジェクトの開始から5カ月が過ぎた2018年5月、ついにグーグルへの入社が決定した。アメリカ合衆国カリフォルニア州マウンテンビュー。グーグルアシスタントの首席UXデザイナー。また新たな分野に飛び込んで、右往左往しながら波乱万丈な日々を過ごすことになるのは明らかだったが、それでも心踊る挑戦だ。40代半ばにして、ついにシリコンバレーの中心部、グーグルに足を踏み入れた。

1998年に初めてアメリカの地を踏んだ27歳の私は世間知らずだったが、

2018年、二度目のアメリカに発つ47歳の私は勇敢だった。結婚後初めて選び取った、自分主導の決定だった。20代の私は自分の面倒を見られる大人になろうとしていただけだったが、40代の私は家族を支えられる大人になっていた。

企業が仕事のできる人より、いい人を求める理由

現在私が勤務しているグーグルは、正社員としては7社目、インターンと契約職を含めると11社目の会社だ。在籍期間が最短だったのは、マイクロソフトでの3カ月のインターン、最長はクアルコムの5年9カ月。気づけば私は転職のプロになっていた。ところがシリコンバレーに来てみると、平均勤続年数が私よりはるかに短い人だらけだ。3年も同じ会社に勤めれば長いほうで、1~2年で転職する人が多い。実際、グーグルのデザイナーの平均勤続年数は3年以下だという。

私はこれこそが、アメリカ企業と優れた人材が競争力を持つようになった大きな原動力だと思う。アメリカでは、企業と社員が恋の始まりのように駆け引きと誘惑を繰り広げる。企業は、優秀な人材を集め、社員が働き続けたいと思える環境を整えるた

めに努力を続ける。会社への忠誠心を求めようものなら社員たちは容赦なく去っていくが、企業側も人員整理を行うときは社員の事情を一切考慮しない。整理解雇は会社の経営状態が悪化した際、人件費削減のために最初に行われる方法だ。業績不振とは無関係に、人材の入れ替えを目的として断行されることもある。業績の悪い下位10%の社員がクビになるというのはアメリカではよくあることで、事業内容の変化によって必要のなくなった人材は血も涙もなく解雇される。そこで社員はクビにならないように、あるいは、より良い条件で転職できるように、雇用市場で自分の競争力を高めるために努力する。生き残るために努力するという言い方のほうがふさわしいかもしれない。

ＣＨＡＰＴＥＲ３でも書いたが、２０１９年、グーグルに届いた履歴書は３３０万通。合格するのは、そのうちの１％に満たない。

私は25年前、新入社員だった頃から採用担当者として人材雇用の業務に参加してきた。その後、モトローラ、クアルコム、サムスン電子、グーグルに至るまで、転職のプロ、採用のプロとして経験を積んできた。「門前の小僧習わぬ経を読む〔一度も習ったことがなくても、日頃から見聞きしているものは自然と身につくという意味〕」と言えるほどにはなっていると思う。これまでの転職と採用の経験をご紹介しよう。ただし、国や企業によって、文化やシステムに違いがあることを踏まえて読んでいただきたい。

◆社員が知人を推薦・紹介する「リファラル採用」

転職活動において、最初の関門のフリーパスとなるのが友人や元同僚などによる推薦・紹介（リファラル）だ。現職を含む11社のうち、私が採用情報を見て応募した会社は2社、キャンパス採用（企業が特定の学校の学生を採用するためにやってくるイベント）が2社、残りの7社はすべて知人の推薦によって縁ができた会社だ。

企業側にとっても、履歴書と面接だけで優秀な人材を見つけ出すのは簡単なことではない。自社の社員に元同僚などを紹介してもらう「リファラル採用」は、そんなときに効果的だ。コネ入社とは違い、本人の人格と実力が評価されて採用が最終決定する。アメリカでは多くの企業がリファラル採用制度を取り入れており、そのほとんどが紹介ボーナス（知人を紹介した社員に金一封や電化製品などのインセンティブを支給する制度）を導入して人材の推薦を奨励している（日本でも、メルカリ、トヨタ自動車、サイバーエージェント、富士通などの大手企業が導入している）。

グーグルにもしっかりとしたリファラル採用制度があり、推薦した知人が自分のネットワーク内の上位何%に該当するかなど、推薦状にとても具体的な内容を記入することになっている。推薦者の記録も共に残り、これまでに自分が推薦した人のうち何%が採用されたか、どの段階でなぜ不採用になったのか、といったデータが検索できるため、社内での信頼を失わないためにもいいかげんな推薦はできない。ちなみに、社員が本心から推薦している人材なのか、そうでないのかはすぐに見分けがつくものだ。

◆前職の上司や同僚の評価を確認する「リファレンスチェック」

「リファレンスチェック（身元照会、経歴紹介）」とは、採用予定者の実績や勤務態度、人間性などを前職の元同僚や元上司、在職中の企業などに問い合わせることを言う。

最近は採用システムのクオリティが上がり、採用予定者と同じ時期に同じ会社に勤務したことのある社員を人材データベースで簡単に見つけることができるだけでなく、その人物についての意見をシステムに入力しろというEメールが自動送信されてくることもある。**いつ、誰が、あなたの評価をすることになるかわからない。一緒に働く人々といつも良好な関係を維持しておきたいのはこのためだ。**

転職活動の際、応募した企業に元同僚などの知り合いがいることがわかっているなら、採用担当者に教えておくのも効果的。もちろん、その知り合いには「人事チームからリファレンスチェックの依頼があるかもしれない」と事前に伝えておくのが基本マナーだ。

◆推薦コメント

書類選考の際、履歴書とポートフォリオを送るだけでは何かが足りない。大量の応募書類に目を通す採用担当者にはどの履歴書も似たように見えるだろうし、ポートフォリオをじっくり見てもらうのは難しく、秘密保持義務があって書けない内容も多い。何と言っても「ネガ　チェイル　チャラガ〔「I AM THE BEST」という意味の韓国語。2NE1のヒット曲のタイトル〕」と叫ぶ図々しさが足りなかった。

企業が求める性格やチームワーク、リーダーシップといった形のないスキルは、履歴書やポートフォリオでは見せることができない。面接までたどりつけば小綺麗な服装や穏やかな口調で好印象を持ってもらえるようアピールできるが、書類選考ではそうはいかない。何とかこれをカバーできないかと考えた末、**知人による推薦コメントと評価の要約を追加するという方法を思いついた。**

かつて自分でウェブサイトを運営していた時代は、同僚からの推薦コメントを掲載したページを作成していたが、最近はビジネス特化型SNSの「リンクトイン(LinkedIn)」が普及してきたので、推薦状機能を活用している。さらに、会社での人事評価の中から、私のスキルが的確に表現されたコメントを選んで1枚にまとめた。

さまざまな推薦コメントがオビに書かれた書籍や、インフルエンサーの発言をマーケティングに活かすショッピングモールと似たような手法だ。「たくさんの人がおすすめしている」という理由で好奇心を誘発し、「みんなが推薦するだけの理由があるはずだ」とポジティブな心理効果をもたらす。英語が母国語ではない私にとっては難しいネイティブスピーカーの自然な英語で、自分の口からは言いにくい称賛の言葉が書かれた推薦コメントを活用して、履歴書とポートフォリオに足りない要素を満たすことができた。

これらの推薦コメントが私の転職活動にどれほどの影響を及ぼしたのかはわからない。ただ、成功率がかなり高かったことを考えると、そして、採用担当者の立場から考えても、試してみる価値のある方法だと思う。

◆人脈を築く

社会人になりたての頃は、夜更けまで続く飲み会や喫煙所でのおしゃべりに参加できないことに不安を感じていた。ひょっとして、私だけが知らない有益な情報が飛び交っているのではないだろうか。私だけが同僚と親密な関係を結べずにいるのかもしれない。まさか、そもそも私という人間の存在を知られていないのでは……。しかし時が経つにつれ、人脈とはそんなふうに作られていくものではないとわかった。損得勘定だけで結ばれた人間関係は長続きしない。

「誠実に生きよう」と冗談めかして言うことがあるが、これこそが真理だ。**しっかりした人脈を築きたいなら、毎日ベストを尽くして熱心に誠実に生きること。**バカみたいで単純な言葉だが、25年が経った今、これに勝る方法はないと実感している。

先日、力を借りたいことがあって、うわさを頼りに25年前の勤務先の先輩を探し出した。カカオトーク〔韓国のメッセンジャーアプリ〕で25年ぶりにお願いの連絡をしたところ、二つ返事で引き受けてくれた。幸い、私は「慎ましくて落ち着いた人」と記憶されていた。映画『サウンド・オブ・ミュージック』でマリア（ジュリー・アンドリュース扮）が歌った「なにかいいこと（Something Good）」を思い出した。

何もしなければ 何も起こらない
何も生まれない
だから 幼い頃 どこかで
私は いいことをしたに違いない

Nothing comes from nothing
Nothing ever could
So somewhere in my youth or childhood
I must have done something good

今、学校に通っているという人には、勉強や成績、学位よりも重要なものは人的ネットワークだとお伝えしたい。教授や外部講師、同級生や先輩など、すべての出会いを大切にしてほしい。また、趣味の同好会やボランティア活動も人脈を広げる機会になる。

私は、大学時代に「マックユーザーの会」で活動した経験や人的ネットワークが現在のキャリアの土台となった。「どうせ会わなくなる人だから」とおろそかにしないで、さまざまな縁を大切にしよう。

採用担当者の多くが「優秀な人より、いい人を採用したい」と言う。創造力や協業が重要となる昨今のソフトウェア時代においては、特にその傾向が強くなっている。

一人の天才に依存するより、性格のいい人たちが力を合わせたほうがはるかに持続可

能な成功が生み出されるからだ。

一生働ける会社はもう存在しない。転職が当たり前の時代となった。避けては通れない転職活動において、人的ネットワークはあなたの人格と実力になる。

もしかしたら、こうしたアドバイスが無意味になる時代がまもなく訪れるかもしれない。世界的な有識者ユヴァル・ノア・ハラリは『21 Lessons：21世紀の人類のための21の思考』の中で、21世紀には誰かを雇うかどうかの決定をAIアルゴリズムが行うようになると述べている。

求職者のネット上での行動が蓄積されたビッグデータをもとにAIが採用・不採用を決める日がやってきて、ゆくゆくはDNA情報まで分析されて「あなたが不採用になったのは、あなただからです」という言葉とともに不採用通知を受け取ることになるかもしれない。ネット上でもいい人でいなければならない世の中だ。

面接官の心をつかむテクニック

グーグルに履歴書を送った数百万名の応募者のうち、どれぐらいの人が書類審査を通過して二次試験の電話面接に進むのか、正確なデータは公開されていないが、5％程度ではないかと推定される。

社員の推薦があれば、この狭き門を通過するために大きく役立つが、採用に決定的な影響力を及ぼすわけではない。グーグルには委員会（Committee）という独特な人事制度があり、さまざまな意思決定がこの委員会による議論を経て行われる。応募者の採否を決定するのは「採用委員会」、年俸額を決めるのは「年俸委員会」で、入社後の評価や昇進などもそれぞれの委員会によって決められる。

つまり、内定者が配属されるチームのマネージャーには、採否の最終決定権がないのだ。「一緒に働くことになる上司は私だし、うちのチームが必要としている人材なのに、どうして直接選ばせてくれないのか」と不満を言ったことがあるが、理由を聞いて納得した。

内定者が入社した時点でのマネージャーが直属の上司を務める平均期間は、1年に満たないからだという。そのため、採用当時のマネージャーと相性のいい人材よりも、委員会が客観的に採用した人材のほうが会社になじみやすく、長続きする社員になる可能性が高いらしい。確かにそうかもしれない。

グーグルの採用面接は、次のような3つのステップで進行する。

一次面接は、採用担当者との電話面接。履歴書に記載されている内容、転職理由や希望していることなどの基本的な事項について確認する。

二次面接は、部署の責任者との電話面接だ。職務に適切な人材かどうかを見極めるため、業務関連の質問が行われる。

三次面接は、対面面接となる。コロナ禍ではオンラインで実施されたが、通常はオフィスで丸1日かけて進行される。私の経験では、アメリカ企業の対面面接はだいたい同じような構成だった。まずは数人の面接官の前で、1時間ほど自己紹介のプレゼンテーションをする。事前に課題が与えられた場合は、どのように解いたのかを説明することもある。その後は1対1の個人面接だ。1回あたり約50分ずつの面接を5、6人の面接官と繰り返すため、1日がかりになる。終わると、身体から魂が抜けたようにへとへとになる。

たいていは三次面接が最終となるが、面接官たちの意見が分かれたときや、人柄的に欲しい人材だが募集職種には適していないといった場合は、追加面接が行われることもある。

面接のテクニックについては、書籍やブログなど、すでにたくさんの有益な情報が世に出ているので、そちらを参考にしてほしい。応募者の多くは想定質問への答え方や態度など、基本的な準備をして面接に臨んでいるから、**勝負は「面接官の心を動かせるかどうか」にかかっている。**そのために効果的な4つの方法をご紹介しよう。

◆面接をリードする

応募者の切実さや努力とは対照的に、面接官は採用活動に無関心である。非常に申し訳ないが、それが現実だ。言い訳をさせてもらえるなら、社員はトイレに行く暇もないほど会議のスケジュールが詰まっている日がほとんどだ。

1名を面接するには6〜7人の社員が必要だが、応募者数が多く、対応できる面接官の数は限られているので、どうしてもスケジュールがタイトにならざるを得ない。事前に履歴書をしっかりチェックできないこともよくある。

ほとんどの応募者が自分のことを〝質問を受ける立場〟だと考えて、「聞かれたことに答えよう」という姿勢で面接に臨む。そのため、面接官が会話をリードするのを待ってしまう。

そうではなく、インタビューの進行役を務めるのは自分だと考えてみよう。**「面接官は自分について何ひとつ知らず、履歴書を読んでもいないし、会話の内容について何の準備もしていない人だ」という前提で面接を受けるといい。**

面接官は、実はあなたに興味がない。次の会議の案件、報告書、プロジェクトのデッドラインのことで頭がいっぱいだ。それが面接というゲームのルールであり、自分だけが不利なのではなく、どの応募者も同じ条件だ。だから、質問されるのを待つのではなく、自分から会話を引っ張っていくスキルが求められる。自分を評価する企業や面接官の立場に立ち、自分という人間をどんなふうに見せたいのかを考えて、会話を誘導しなくてはいけない。

◆印象づけたいスキルをアピールする

面接官は、応募者についての意見書を提出することになっている。これはかなり時間をとられる作業だ。私が面接官を引き受けたくない主な理由でもある。

そこで、逆転の発想をしてみよう。自分に関する所見を面接官の代わりにまとめて、自分の思いどおりに意見書を書いてもらえるように仕向けるのだ。あなたについて、いちばんよく知っているのはあなたなのだから。

意見書は通常、大きく3つの項目に分かれている。

まずは、技術について。職務に合った能力があるかどうかを評価する。主に、専門知識や創造力、コミュニケーション能力、プレゼンテーションスキル、実行力などのチェックが行われる。**面接官のノートに書いてもらいたい自分の能力を面接時に繰り返し強調しよう。このとき、他の応募者にはない自分ならではのスキルを〝ストーリー仕立て〟で伝えるとなおいい。**単語を覚えるのは難しいが、ストーリーなら記憶に残りやすいからだ。

２つ目は、ソフトスキルだ。主に性格や開放性、態度、価値観などをチェックする。この項目は、特別に優れた部分を選ぶのが容易ではないため、目立った点を報告書に記入する場合が多い。そのため、悪目立ちする発言や行動がないように気をつけたい。面接官がしきりに首をかしげたり、眉をひそめたりするような状況にならないだけでもひとまずは成功だ。

それでも、キーワードを１つ印象づけておきたい。とてもポジティブな人だとか、おもしろい人、他の応募者の話に熱心に耳を傾ける人、など。自分について、面接官に覚えておいてほしいソフトスキルを印象づけるようにする。ただ漠然と「いい人だった」という印象だけでは足りない。面接官の記憶に残る何かがなければならない。

最後はリーダーシップ。会社の長期的なビジョンのためにかなり重視されるスキルだ。成長のポテンシャル、ビジョンを提示して問題を解決する能力、チームワークと協業のスキルなどを主にチェックする。面接官が意見書に記載できるように、リーダーシップの高さを裏付ける具体的なエピソードを用意しておこう。

◆最後の5分で好印象を残す

心は記憶の産物だ。人間は論理的でも合理的でもない（そう見せかけているだけ）。それに、とても感情的で情緒的だ。そのため、政治や経済、マスコミ、広告などはすべて感情を刺激して、人々の心を動かすことに焦点を合わせる。

認知心理学の巨匠ダニエル・カーネマンが提唱した「ピーク・エンドの法則」は、面接にもあてはまる。ある出来事についての人間の評価や印象は、何を記憶するかにかかっているという法則で、この記憶に最も大きな影響を及ぼすのは、感情が昂った絶頂の瞬間（ピーク）と最後の瞬間（エンド）だという。つまり、終わりよければすべてよし、ということだ。

そのため、面接の最後の5分が重要になる。時間に追われてあたふたしていたり、緊張したままおどおどしていたり、「最後に質問はありますか？」と面接官に聞かれたときに曖昧な笑顔で「ありません」と答えて、気の抜けた印象を残してはいけない。**記憶のエラーによって、最後の5分が1時間の面接全体の評価を左右する。**ポジティブなエネルギーとこの人は信頼できるという印象がたっぷり残るように締めくくろう。

◆「逃したくない人材」だと思わせる

複数人の意見を集めるとはいえ、1時間の面接で採用すべき人材かどうかを100％確信するのは簡単なことではない。こんなとき、他の会社があなたを欲しがっているという情報があれば、面接官の確信を強めることができる。「売り切れ間近」というテロップで視聴者を焦らせるテレビショッピングの手法と同じだ。

そのため転職活動をするときは、第一希望以外の会社にもエントリーしておいたほうがいい。入社する気のない会社でもかまわない。「自分は多くの企業が欲しがる優良物件だ」ということを第一希望の会社に見せられればいい。複数の企業を同時に受けると、一社で学んだことを別の会社でも活かせるし、面接に慣れて失敗を減らすこともできる。何と言っても、自分に有利に面接を進めていくことができる。

私を採りたいなら急げ、というサイン。売り切れ間近。他人が欲しがっていれば、自分も欲しくなるというのが人間というものだ。

面接とは人と人が会い、人の心を動かすものだ。そして何より、自分に対する相手の心を動かさなくてはならない。ここで最も重要な点は、自分への愛情と自信が欠かせないということ。自分ですら愛していない自分を、誰かに認めてもらいたいと願うなんておかしな話だ。そして「面接は面接官のものではなく、自分のものだ」という姿勢を忘れないこと。あなたこそがストーリーを構成する脚本家であり、監督であり、主人公だ。幸運を祈る。

心の隙を見せて、面接官に傷つけられることのないようにしよう。面接官の中には、ときどきひどい言葉をぶつけてくる悪い人がいる。そんな言葉を聞いたときは、すぐゴミ箱に捨てればいい。不採用通知は、あなたに欠点があるという意味ではなく、お互い相性が合わなかっただけだ。さっさと忘れて新しいパートナーを探そう。

キャリアにおいて最も重要なこと

消費者の心理には、要求（Demand）と欲求（Desire）の2つがある。要求は必要なもの、欲求は欲しいものだ。この2種類をしっかり理解しておかなくてはいけない。奇しくも、一文字違いの要求と欲求の間に成功の秘訣が隠されている。

要求によって動く市場は、コストパフォーマンス勝負だ。「必要なものをいかに安く買えるか」が重要な購買決定ポイントとなる。消費者はコスパのいいものを求めて商品をあれこれ比較し、自分が本当にお得な買い物ができたのかどうかを確認しようとする。買ったけれど必要を満たすことができなければ返品するし、もっとコスパのいい製品が登場すれば迷わず乗り換える。もちろん、自分に必要なものなのかどうか迷ったあげく、購入を見送ることだってある。そのため、要求によって購入される製品はブランドロイヤリティ〔特定のブランドに対する顧客の忠誠心や愛着〕が低く、競争が激しい。

一方、欲求によって動く市場は、価値で勝負する。おもしろいことに、消費者は自分の欲求を満たす製品を買って、理由を後付けする。必要だから買うのではなく、欲しいという欲求が消費を促すからだ。クローゼットの中はジーンズでいっぱいなのに、また新商品を買って「これはフィット感が違う」ともっともらしい理由をつける。月給の半分を超えるブランドもののコートや年収の数倍の高級車を買って「私にはそれだけの価値がある」「結婚10周年だから」「昇進のお祝いに」「限定版だし」と理由を作り出す。「きれいだから」というだけの理由で購入に至ることもある。そのため、欲求によって購入される製品はブランドロイヤリティが高く、ニッチ市場が常に存在する。

最も代表的な例として、アンドロイド製品とアップル製品が挙げられる。アンドロイド製品は、要求の市場で価格競争を行っている。消費者は低価格スマホにあっさり妥協して、同じ機能のスマホをわざわざ高い値段で買う理由があるのかどうかじっくり検討する。そのうえ、高価なスマホも発売からほんの数カ月で半額程度まで値下がりすることは珍しくない。生き残るためだ。消費者はコスパのいい製品と特価イベントについて情報交換する。

一方、アップルはどうだろうか。アップル信者はためらいなく財布を開く。正常に動作するアップルウォッチを持っているのに、新しいモデルが出ればまた購入する。スマートウォッチが必要なのではなく、新型のアップルウォッチを手に入れたいという欲求のためだ。100万ウォンのアップルウォッチをいくつも買うなんてどうかしていると思いつつも、何かにとりつかれたように購入ボタンをクリックしてしまう。そして、届いたアップルウォッチを装着した瞬間、この世のすべてを手にしたかのように幸せな気分になる。人の欲求とはそういうものだ。言葉では説明できない、心のいたずら。

消費者とユーザーの心理を研究するという職業柄、私は消費者の心をつかむ方法について25年にわたって考え続けてきた。これからもずっとそうだろうと思う。

ここでは、履歴書やポートフォリオ、面接など、転職のプロセス全般において役立つポイントをご紹介する。最も重要なのは、企業の欲求を刺激する価値ある人になることだ。

◆希少価値のある人材になろう

人はユニークで独特なものに価値を感じる。望めばいつでも手に入れられるものに欲求は芽生えない。人も同じだ。履歴書に誰でも持っているスキルが羅列されていたり、ありふれた経歴が記されていてもまったく魅力を感じない。当たり前のことは目立たない。自分ならではの価値、自分だからこそできることなど、その会社があなたを採用するメリットをアピールしよう。人間国宝に認定されるような特別な才能である必要はない。あなたには必ず、あなただけにできることがある。「みんなやってるから」「みんながいいと言っているから」と〝みんな〟に巻き込まれてはいけない。ひたすら自分自身に集中して、自分ならではの強みを磨き上げよう。

2019年に開催された「韓・ASEAN文化革新フォーラム」の基調演説で、ハイブ〔BTSらが所属する韓国の総合エンターテインメント企業。当時の社名はビッグヒットエンターテインメント〕のパン・シヒョク代表は次のように語った。

――――

これまでも世の中は複雑で、人は多様でした。しかし、今はその多様性の階層を推し量ることができないほどになっています。それぞれ違う好みと個性を持った人々が、狭くて深い共同体を作っています。私たちは技術文化を先導してきた国とは異なる文化的・歴史的背景を持ち、人間に対する異なる視線を持ち、異なる角度から世の中を眺めてきました。だからこそ、異なる物語を語ることができるのです。

そう、私たちはそれぞれ異なる人間だ。異なるバックグラウンドを持ち、異なる視線と異なる物語を持っている。集団の中に紛れてしまいたいという気持ちを取り払い、堂々と自分を表現すれば、自分が見えてくる。

◆自分のストーリーを伝えよう

人類の歴史はストーリーだ。「Hi-story」。そして、人間は物語によって思考する。

> 人間は事実や数字、方程式ではなく、物語の形で物事を考える。そして、その物語は単純であればあるほど良い。
>
> ――ユヴァル・ノア・ハラリ
>
> 『21 Lessons：21世紀の人類のための21の思考』より

2006年、「マイクロソフトがアップル製アイポッドのパッケージをデザインし直したら?」という動画が大きく話題になった。商品写真だけのシンプルなパッケージに、これでもかというほど情報が盛り込まれていく映像だ。

華麗なスペックで埋め尽くされた履歴書は、採用担当者の記憶に残らない。スペックばかりをアピールするのは、コスパ競争と同じようなものだ。もっとスペックの高い人材が登場すれば競争力を失ってしまう。スペックよりも、自分のキャリアを貫くストーリーが必要だ。

奇抜なストーリーを披露しろということではない。さまざまな仕事をしてきた人なら、その多様性を見せるストーリー、転職回数が多いならキャリアアップに関するストーリー、そこからさらに一歩進んで自分の人生のストーリーを描き出していく。

このとき、主人公と助演、エキストラがごちゃまぜにならないようにしよう。自分の希少価値を主人公にしなくてはいけない。主人公がはっきりしていて、構成がしっかりしていれば、記憶に残るストーリーになる。何でもできるという言葉は、何もできないという言葉と同じだ。希少価値がなければ、簡単に代替可能な人材にしかなれない。

面接のときは、昔話のように自然に自分の話を伝えるといい。面接官が共感してあいづちを打ち、自分のストーリーが伝わったことを感じられたら成功だ。人間は物語の形で考え、物語を記憶する。

◆偽りのない姿を見せる

偽物が偽物なのは、本物ではないからだ。人は本物ではないものに大金をつぎ込むことはない。希少価値とストーリーに説得力を持たせるには、それが本物でなければならない。

BTSが成功した要因として、真っ先に挙げられるのも〝偽りのなさ〟だ。所属事務所が作り出したものではなく、仮面で覆われたものやステージ上の虚像でもない。彼らがこれまで見せてきた姿が本物だったからだ。成績優秀な秀才でヒップホップボーイになりたかったRM（キム・ナムジュン）、宅配のアルバイトをしながら音楽を志したSUGA（ミン・ユンギ）、年端もいかない中学生の頃にデビューしたJUNG KOOK（チョン・ジョングク）、完璧ではない自分の姿に悩んだJIMIN（パク・ジミン）など、メンバー一人ひとりの成長ストーリーに人々は感動し、心を奪われる。本物の持つ力だ。

履歴書にウソを書いたり、面接で知ったかぶりをしたりするのは、非常に危険なことだ。わからないときは素直に「わかりません」と言ったほうがよっぽどいい。自分を偽ると、すべてに対する信頼が失われてしまう。一度芽生えた疑いを覆すのは難しい。

誠実さに歳月が加われば、深さが生まれる。25年前に会ったときと10年前に会ったとき、そして昨日会ったときに相手が抱いたあなたの印象が同じなら、それは本物の中の本物だ。そんな人であれば迷わず推薦したいと思えるし、何とか働き口を見つけてあげたいという欲求まで生まれる。道を歩いていて、誰かに助けを求められたときは手を差し伸べよう。いつか福となって返ってくる。

◆価値を共有できるか

企業にはそれぞれ追求する哲学と価値がある（これが明確に定義されていないときや、自分の成長したい方向性と合わないときは転職を考えるべきだ。もちろん、企業が掲げる価値にどれだけ真実味があるかということもチェックしたい）。

よく知られている企業のミッションを見てみよう。

グーグル：世界中の情報を整理し、どこからでもアクセスして使えるようにする。
Organize the world's information and make it universally accessible and useful.

テスラ：持続可能なエネルギーへの世界のシフトを加速する。
Accelerate the world's transition to sustainable energy.

フェイスブック：世界をもっと近くに。
Bring the world closer together.

応募者はエントリーした企業が追求する価値をよく理解したうえで、その価値を支持しているという姿勢を見せ、実現のために自分は何ができるのかを説明しなくてはならない。企業は追求する価値を共に実現するパートナーを探しているのであって、価値を実行する労働者を探しているわけではない。実行と量産は、自動化やアウトソーシングで十分だ。

価値を共に作り出したい人は、ハイスペックな人ではない。追求するものが同じで、共に成長でき、信じて頼れる人だ。そんな人材に出会えたら、担当者は何としてでも採用しようとする。

スペックを積むというのは、比較的シンプルな作業だ。資格を取ったり、学校を卒業したり、英語試験のスコアを上げたりするだけなら、特に悩むことなく、他の人々と同じようにやればいい。短期集中スクールも多いし、お金や時間をかければ卒業証書を手に入れるのもそれほど難しくない。

ところが、それが問題だ。コスパ競争をしていると、アリ地獄に陥りやすい。自分よりスペックのいい人が出てくるのではないかと不安が絶えず、自分の価値になかなか自信を持つことができない。

自分の希少価値、自分ならではのストーリー、偽りのない価値を発見して作り出すには深い省察と数多くの失敗、手痛い気づきの時間が必要だ。それでもキャリアというマラソンをしっかり完走するには、価値を追求する道を選んだほうがいい。価値を分かち合える人々と一緒に走れば、よりパワフルに、険しい道を駆け抜けることができる。

転職に関する項目について誤解のないように付け加えると、まずはしっかりしたスキルや実力、専門性が欠かせない。基本スキルを身につける方法や情報はすでにたくさん世に出ているので、ぜひ参考にして実力を備えてほしい。私がご紹介したのは、自分の実力を上手にアピールする戦略を立てるためのヒントだ。

転職活動がまるで上手くいかないときに見直すべきこと

雇用市場に自分を投じて求職をするのは、実に難しいことだ。就職準備中の学生にとっても、再就職を考えている人にとっても、働きながら転職先を探している人にとっても、内定までの道のりは険しい。理由はそれぞれ違うにしろ、余裕たっぷりに求職活動ができる人は多くない。

私はグーグルから採用通知をもらったとき、喜びよりも「もう二度と転職活動はしたくない」という気持ちのほうが大きかった。10回の転職活動のうち、楽だったことは一度もない。経済的に自立して家族の生計を立て、自分や親の老後について考える必要のある人なら、余裕を持って求職活動ができるはずがない。

お金の力を強調する父の影響で、私は幼い頃から経済的自立について確固たる信念を持っていた。誰かのお金に頼って暮らすというのは、そのお金のぶんだけ自分の人生の権限を譲り渡すことだと考えていた。だからお金がなければないなりに生きるのが当然で、お金が必要ならどんな仕事をしてでも稼がなければならなかった。仕事を掛け持ちしてくたくたになっても、完全な独立のためにはやむを得ず、それが大人の人生だと思っていた。

しかし、どんなにがんばってもうまくいかないとき、落ち込んでしまうのは当然だ。失敗と拒絶が続いているのにポジティブな気持ちで笑い続けられる人は存在しない。「成功するまでやり続けろ」という言葉を信じて突き進むにしても、やみくもに進むだけでは意味がない。他人に愚痴を言っても役に立たないが、自分を見つめ直すことはとても重要だ。

必死で努力しているのに解決しないときや投げ出したくなったときは、しばらく立ち止まってみよう。考え方や方法の見直しが必要な時期かもしれない。私がそうだったように。

◆履歴書を見直してみよう

数十社に応募したにもかかわらず書類選考を通過できなかったなら、履歴書の見直しが必要だ。経営大学院（ＭＢＡの学位を取得できるビジネススクール）に履歴書の書き方の授業があると聞いたことがある。履歴書の一行にぴったりの言葉や構成、表現を見つけるために、何度も書き直してレビューを受けるという。

自分の履歴書を客観的に評価してみよう。たくさんの履歴書の中で目を引くものになっているか？　不必要だったり、曖昧だったり、ありきたりなスペックや経歴を羅列していないか？　自分が採用担当者だとしたら、この履歴書を書いた人物を選びたいと思うだろうか？　同じ業界を志望して内定を勝ち取った履歴書のサンプルを参考にしたり、履歴書の添削サービスを利用したりしてもいい。知人からフィードバックをもらうことも大切だ。

今まで使っていた履歴書を修正するのではなく、一から書いてみるのもいい。私は会社でプロジェクトを進行するとき、アイデアに行き詰まったり、負のスパイラルに陥ったりした場合はいつも「ふりだしに戻ろう！」と叫ぶ。うまくいかないことには理由がある。理由を分析しないかぎり、いくら努力しても結果はついてこない。私の経験上、努力と成功は別物だ。書類選考に何度も落ちるときは、その理由を根本的に分析する必要がある。

◆期待値が高すぎるのではないか？

もし選り好みをしているのなら、まだそれほど切羽詰まっていないということだ（耳が痛い話をするのは私もつらい）。

私がアメリカで最初に就職したのは、人材派遣を行うコンサルティング会社だった。コスト削減のために外部人材を活用する企業に対し、優秀な人材を安く提供する会社だ。人材派遣会社が労働力を確保する秘訣は、就労ビザが必要な外国人労働者を採用することである。

当時、私も多くの不採用通知を受け取り、最初に採用通知をもらったのがこの会社だった。初めての年俸は業界の平均にも満たない水準だった。しかし、それをどう言える境遇ではなかった。かといって、大きく気を落とすこともなかった。ひとまずアメリカで就職できたので、これからどんどん前進できるだろうと思えたからだ。

最初に勤める会社にそれほど大きな意味はない。採用通知をもらった後も、求職活動を続ければいい。いろいろな買い物をしているうちにいいものを見る目が身につくように、多くの職場を経験すれば自分に合った職場を見つけられるようになる。会社はあなたの人生に必要なものを満たす手段に過ぎず、人生を永遠にしばりつけるものではない。

◆答えを決めつけていないだろうか？

何度も強調してきたことだが、成功率を高めるにはボールを投げなくてはならない。それも、いろいろなボールをいっぺんに投げるべきだ。ところがこのとき、自分で決めた方向だけにボールを投げてしまうことがある。たとえば、「大企業はどうせ無理だろうからエントリーしない」とか、「職種変更をしようと思っているけれど、まだ準備ができていないからやめておこう」「韓国の会社はダメだ」「アメリカの会社はダメだ」「英語力が足りない」など、いろいろと言い訳をして自分のコンフォートゾーンから出ようとしない。

人生において、完璧に準備が整う時点はない。自分にふさわしい会社かそうでないかは会社が決めることであって、自分で決めることではない。採用通知は受け取るものであって、自ら発行するものではない。あなたがすべきことはいろいろな会社にエントリーすることだ。**答えを決めてから問題を解こうとすると、間違える確率だけが**

高まる。

◆採用のチャンスを広げよう

コロナ禍の影響で、企業の人材採用はこれまでになく慎重になり、採用基準も厳しくなった。求人広告を出している企業に応募して狭き門を通り抜けるのは、ラクダが針の穴を通るように難しい。こんなときは、採用担当者や企業を引き寄せる作戦を同時に実行しよう。

たとえばデザイナーであれば、フリーランスとしてのプロジェクトを毎月インターネットにアップするという方法がある。世間によく知られている製品やアプリ、ウェブサイトを選んで、「私がもしリニューアルをしたら」というコンセプトでアイデアをアップするのだ。

発信する媒体はブログサービスでもいいし、自分のフォロワーがいるＳＮＳ（フェイスブック、インスタグラムなど）やプロフェッショナルネットワークの「リンクトイン」でもいい。アイデアだけではなく、問題分析力やストーリーテリング、説得力などがアピールできるように構成する。実際の現場でも必要なスキルなので、練習の一環だと考えればいい。

成功事例はインターネット上で簡単に見つけることができる。私はケヴィン・ユージン氏が2018年に投稿した「私がもしアップルSiriをデザインし直したら」が印象に残っているが、現在彼はアップルでデザイナーとして働いている。また、同じくアップルで働くディーケイ・クオン氏も自身のアイデアをリンクトインに定期的に投稿して好評を得ている。クリスチャン・ミカエル氏はグーグルアプリのアイコンをリニューアルするアイデアを投稿して熱い議論を巻き起こし、200件以上のコメントがついた。

オンライン上で友達を作ったり、カンファレンスで名刺交換をしたりしても、自動的にネットワークが作られるわけではない。人は自分に役立つ相手と人間関係を結びたがる。ここでの「役立つ」とは、自分にインスピレーションをもたらしてくれるというだけで十分だ。

もし今、あなたが「準備ができたらやってみよう」と思いながらこの本を読んでいるとしたら、もう一度繰り返すが、そんな日はやってこない。物事はとりあえず始めてから何とかするものであって、準備を整えてから始めるものではない。

ここでのポイントは「粘り強さ」だ。コツコツと毎月投稿することによって、しだいに見る人が増えてコメントがつくようになる。フィードバックによって学びを得て、ネットワークが広がり、運がよければ採用につながることもある。

1年続けることができれば、それ自体がストーリーになる。何かを着実にやり遂げることができる人は、本当に好きなことを持っていて、自己管理ができ、誠実だ。何かを1年以上続けるというのは、やってみた人にはわかると思うが、決して簡単なことではない。

◆小さな達成感を積み重ねる

うまくいかないことが続いたときは、自虐の沼に落ちやすい。何もかも自分が至らないせいだと思えてくる。「私は努力不足で、意志が弱く、実力もないし、何の役にも立たない人間だ」と自分を責め、無気力感に陥ってしまう。

1つのことだけにすべてをかけるのは危険だ。小さな達成感を味わえる、さまざまな仕掛けを人生のあちこちに用意しておこう。

私は家庭菜園で野菜を収穫するときに心が満たされるのを感じる。支援している子どもたちに誕生日プレゼントを送るときも幸せだ。娘たちと一緒にBTSとTXT（TOMORROW X TOGETHER）のグッズを集めて、部屋の片隅の〝ヲタクゾーン〟

がにぎやかになっていく様子を眺めるのも楽しい。

そして最近、達成感をもたらしてくれるのは文章を書くことだ。人の役に立ち、共感を得るというのは、こんなに楽しいことだったのかと改めて感じている。さらに、積極的な労働をしなくてもお金が入ってくる「パッシブインカム（不労所得）」について知れば知るほど、やってみる価値があるものが多いことに気づく。私が初めてミディアム〔Twitterの共同創業者であるエヴァン・ウィリアムズが2012年に立ち上げたブログサービス〕に文章を投稿したとき、ひと月の原稿料は4・59ドルだった。文章がお金になるという経験はとても新鮮で、こんなパッシブインカムを経験して以来、デジタル時代の副業について熱心に学び、挑戦しているところだ。この頃は書籍やインターネットにさまざまな情報があふれているので、自分に合うものを探して〝小さく〟始めてみるといいだろう。

がんばっているのに何ひとつうまくいかないと感じたときは、ちょっと立ち止まって一息入れよう。

とても厳しい時期だ。気持ちを強く持ち、これまでの常識を捨てる思考の転換も必要だ。その過程で自分を虐待して、時間やパワーを無駄遣いしないようにしてほしい。あなたの人生を動かすのは、あなたなのだから。

自分ならではのストーリーを作る最も確実な方法

自分が何を知っていて、どれぐらい理解できているかを測定するためにベストな方法は何だろうか？　それは「自分が知っていることを誰かに説明してみる」ことだ。人に何かを教えるには、かなりの勉強が必要だ。うまく説明するためには自分の頭の中にある知識を整理して、要約しなくてはいけない。説明を聞いた相手の反応を見ながら再確認していくことによって、知識と経験はいっそう確かなものになる。

私は実務デザイナーとして長年働きながら、2〜3年おきにデザインの講演を行っている。講演のタイトルは毎回異なるが、メインテーマはいつも「人のためのデザイン（Designing for Human）」だ。実際に手がけたプロジェクトの事例をもとに、実務を通して得た学び、失敗談や成功談などをシェアする講演だ。人のためのデザインに必要な原則、そのためにデザイナーが知っておくべき事柄。こうした話をするのは誰かに教えるためというよりも、むしろ自分のためだ。2~3年を振り返り、再点検する機会を作るのである。自分のキャリアを振り返るうえでぜひおすすめしたい方法だ。

◆大学での講演

私は、韓国の大学での講演を優先している。たいてい2~3年に一度、韓国を訪れるので、そのたびに講演をするという形だ。韓国の後輩たちに自分の経験を伝えたいという気持ちが大きく、アメリカ生活での英語のもどかしさを韓国語で解消するためにもいい機会だ。

ときどき、どうすればチャンスをつかめるのかと質問されることがある。じっと待っていたら、ある日誰かがやってきて講演を依頼してくれるということはない。チャンスは自分で作るものだ。前述のように、いろいろなボールを投げて待つのである。知り合いや、知人の知人、あるいは母校のホームページから教授に連絡をしてみよう。難しいのは最初だけで、経験を重ねるにつれて慣れていく。

こんなことを言う人が多い。

「準備ができたら、私もやってみますね」

「がんばって準備して、私も挑戦してみます」

何度でも言うが準備が整う日がやってくることはない。準備は常にしておくものだ。それとは別に、とりあえず始めなくてはいけない。そのためには大っぴらに宣言することをおすすめする（誰かにメールを送ったり、依頼の連絡をしたりするのもその一環だ）。

何かを完璧に作り上げてから「ジャーン！」と知らせようという計画は捨てること。できるかぎり早く、未完成の状態で周りに公言する。「とんでもないことをしてしまった」という気持ちになることもあるが、予定の日が近づけば何とか収まりがつくものだ。どんな結果になろうとも、その経験によって一段階さらに成長した自分を発見できる。

「私にそんな資格があるでしょうか？」

「私に講師を任せてくれる人なんているでしょうか？」

それは自分が決めることではない。だから、悩む必要もない。**ひたすら自分にできることをするだけでいい。連絡をして、志願して、宣言すること**。そして、結果を待てばいい。

2020年の初め、グーグル入社から2年後の2021年には次の講演をしようと決心していた。そんななか、新型コロナウイルスのパンデミックが巻き起こった。社会全般のシステムがオンラインに切り替わり、在宅勤務の会社が増加した。世界中の大学の授業、学会や展示もオンラインで行われるようになった。

そんなある日、アイオワ州立大デザイン学科の教授として在職中の大学時代の恩師から、オンライン講演をしてほしいと頼まれた。カリフォルニアの自宅で、アイオワ州立大の学生たちと出会えるなんて……。私はすぐに承諾した。あえて移動の必要がない世の中。だったら、全世界どこでも関係ないじゃない？　韓国を訪問する時期まで待つ必要がなくなった。私は自分の所属する複数のグループチャットルームに「オンライン講演、お引き受けします」というメッセージを送った。メンバーの中には教授として在職中の方々もいて、講演依頼をいくつかいただくようになった。こんなふうにスタートしたオンライン講演ツアーをアメリカ、韓国、中国の大学へと広げつつあるところだ。

◆カンファレンスでの発表

勤務先に対して多くの不満や悩みを持つ後輩には、こんなアドバイスをする。

「会社に命を懸けないように！」

期待値が高いから失望が大きくなり、自分のキャリアを会社と同一視するから不安になる。**会社は費用の効率化を追求する営利団体に過ぎず、利用価値のない人材を養う非営利団体ではない。会社がいつでも自分を捨てることができるように、自分もいつでも会社を捨てられる準備をしておかなければならない。**

「すべての卵を仕事のカゴに入れるな」（アメリカの心理学者であり経営コンサルタントのジュディス・M・バードウィックは「仕事中毒者の自尊心を卵とすると、それらはすべて仕事というカゴに入っている」と言った）

月給をもらうためには、やらなくてはならない仕事がある。それだけでは自分のキャリアを成長させるのに限界がある。10～20％の努力を注ぎ、社外にも居場所を作らなくてはいけない。そのために、カンファレンスや学会に発表者として参加するのもいい方法だ（詳細は272頁）。

◆社内のお昼の集い

アメリカの会社では、お昼の集いがたびたび開かれる。主催者がテーマを選び、関連分野の人々を招いて発表をするという一種のカンファレンスだ。たいていお昼休みに行われるため、ランチボックストークと呼ばれる。ランチを食べながら発表を聞くという気軽な集まりだ。あるいは、週間会議の案件として提案してもいい。長くなくてもかまわない。10〜20分を使って、自分が最近知った技術動向、参加したカンファレンス、解決できた問題などをシェアする。こうしたテーマはいつでも誰にとっても関心があるものだ。

私は通常1カ月から3カ月先にスケジュールを決めて、事前に招待状を送る。あらかじめボールを投げておき、投げ返されたボールを打つ。こんなふうに仕掛けを用意しておく。

ここで重要なのは、この集いによって、自分自身がいちばん大きな恩恵を受けるという事実だ。プレゼンテーションに備えて悩み、考えを整理して、ストーリーテリングのラインをとらえ、練習をして、フィードバックを得ることによって、自分が成長する。人のためではなく、自分のために行うのだ。

韓国ではこうした場を企画すると「出しゃばりだ」と言われがちで、やりづらい面がある。それでも実際にやってみると、思っている以上にその労力を認めて、感謝してくれる人々が多いことがわかる。韓国の会社に勤務中、AR関連プロジェクトに着手することになり、自らの経験に基づいてAR特講を開催したことがある。自らの専門性を高めて知らせるのは、自分のためだ。**自分に集中すればいい。**

◆ユーチューブを活用する

これはまだ私が実践したことのない方法だが、チャンスをつかむのが難しい大学生や求職者、新社会人にとっては十分に開かれたチャンスの場だ。ユーチューブは何といっても、〝公開的に〟経験を積むことができるプラットフォームだ。もちろん三日坊主で終わってしまうこともあるだろうが、それでも公開的に始めれば続けやすい。

1年間だけ、ユーチューブに1週間に1編の動画をアップしてみよう。5分か10分程度で十分だ。必ずしも顔を出さなくてもいい。ユーチューブには顔を出さずにパワーポイントの活用法や映像編集のコツを教えるチャンネルも多い。お金を稼いだり、チャンネル登録者を増やしたりする必要もない。自分のために、自分との約束を守るために、キャリア固めに必要な基礎筋肉を作るために、時間と努力を投資するのだ。そして、身近な人に知らせよう。家族や友人に知らせて応援してもらおう。最初は照れくさいかもしれない。どんなことも、始めたばかりの慣れない頃は恥ずかしいものだ。

そんなふうに、1年だけやってみることをおすすめする。大切なのは、粘り強さだ。どんなことであれ、1年以上コツコツと続けられる人とは一緒に働きたいし、採用したくなる。スペックとは、実は特別なものではない。自分自身でキャリアを固めていく人だと証明すること、それがまさにスペックなのである。

EPILOGUE

諦めずに歩き続ければ、いつかはたどり着く

2019年の冬、2週間のロードトリップをした。以下は、12月25日にザイオン渓谷で書いた文章だ。

ザイオン渓谷で迎えたホワイトクリスマス。
うっとりするような光景と圧倒的な風景。
重なり合った地層、絶壁と滝、空から舞い降りてくる雪のかけら。
まるでこの世の空間ではないような刹那の感激。
地上を見下ろしながら歩いていると、ここにいることが不思議に思えてくる。
頂上を見上げると、はたしてあそこまでたどり着けるのだろうかと不安になる。

ふと足を止めて顔を上げると、驚くべき風景が広がり、
振り返れば、いつの間にかかなり上まで来ている。
どこまでも同じように見える、ぬかるんだ険しい道を
立ち止まらずに歩いていけば、いつかはたどり着く。
あるときは偶然出会った人々とあいさつを交わし、あるときは先を譲り、
あるときは1人で息を整える。
諦めずに歩けば、いつかはたどり着く。
どうせ下るのになぜ登るのかと聞かれたら、
私が石を踏みしめて、息を切らしながら風を感じたその瞬間、
その山を自分のものにするためだと答えたい。
概念としてのザイオンではなく、
私が2019年のホワイトクリスマスに経験したザイオン渓谷。
それはまちがいなく私のものだ。

今年もまた過ぎ去り、次の年がやってくるだろう。時間は止まっているように見えても、決して止まることはない。振り返れば時は過ぎ、私はここにいる。消えそう

だった時間も、消えてしまいたかった瞬間も過ぎ去っていく。過ぎ去り、耐え抜いて、1年が流れるだろう。そのとき、自分にこう言えますように。

「ありがとう。がんばったね」

他のみんなも自分と同じように悩み、怖がって、不安を抱いている。もっと自信を持っていい。間違いながらやっていくほうが、何もせずにいるよりも百倍いい。自分にもっと寛大になろう。急き立てるのはやめよう。一生懸命に生きているのだから。ゆっくり、諦めずに歩き続ければ、いつかはたどり着く。

悩める30歳からのよくある質問10選

1

仕事にストレスを感じたときは、どうやって突破口を見つけたらいいでしょうか？

ストレス遮断、原因の把握、解決。この3段階のステップが必要です。

自分にとってストレスになっていることを書き出してみましょう。すると、思っていた以上に不必要なストレスにさらされ、それを無防備に受け入れていることがわかります。まずはストレスをできるかぎり遮断すべきです。原因となる人物や状況から離れ、ゴシップや刺激的なフェイクニュースを避けて、断れることはなるべく断りましょう。断る瞬間は気まずくても、それができないせいでいつまでも振り回されるよりずっとましです。

それでもストレスが解消されないときは、原因を把握することが大切です。つかみどころのない不安がストレスの原因になっていることは少なくありません。原因がわかればそれだけでも心が軽くなり、対策を立てられるようになります。

原因を把握できたら、解決できることと解決できないことに分けて対策を練ります。解決できることであれば、時間がかかるとしても実践しましょう。問題解決のために何かをしているというだけでも、成長の過程にいると感じることができるでしょう。解決できないことであれば、自分にとって耐えられることなのかそうでないのかを考えてみます。お金をもらって働く以上、ある程度のストレスはつきものです。でも、本当に耐えがたい状況なら転職をして環境を変えるのも1つの手です。もちろん、まったくストレスのない場所はありません。「会社が戦場だと？　外は地獄だ」と、ドラマ「ミセン―未生―」のオ課長も言っていましたよね。結局は、何を受け入れて、何を選ぶかという問題なのです。

2 社内で自分をうまくアピールする方法はありますか？

2種類のアドバイスがあります。

1つ目は、プレゼンテーションを活用する方法です。会社では1対1の報告をはじめ、チームメンバーや関連部署の人々を対象としたものなど、さまざまなプレゼンの機会があります。プレゼンには情報伝達と意思決定という目的がありますが、もっと重要なのは自分のショータイムだという点です。社内で自分という人間を知ってもらい、信頼感をもたらすことのできる時間です。聞いている人々は、実は発表内容にそれほど関心を持っていません。ややこしい内容を知りたがることもありません。「この人は自分の発表内容をよく理解しているんだな」という信頼と確信を抱かせることが肝心です。「この人を信じて任せれば、うまくやってくれるだろう」という印象を残すこと。そのためには、内容もさることながら、自信に満ちたジェスチャーや声のトーン、話すスピード、ストーリーテリングなどが重要になります。

2つ目は、同僚のがんばりを認めて褒めること。「いいプレゼンだったよ」「わかりやすい報告書だね」「ミーティングの進行がスムーズで助かった」「予定より早く仕事を終わらせてくれてありがとう」など、ことあるごとに仕事ぶりを評価する言葉をかけるのです。毎日仕事をする中で、ちょっとした手柄を見つけて褒めましょう。すると、相手は働きぶりを認めてもらえたという感謝の気持ちと同時に、面倒を見てもらったように感じます。見過ごされがちなことに誰かが気づいて褒めてくれるというのは、うれしいものです。

私はこうしたささやかな発見と感謝をその日のうちに伝えます。本人に伝えたり、マネージャーをＣＣに入れてＥメールを送ったり、チーム全体に知らせることもあります。私は仕事ができる人に出会うとうれしくなって、自分もそうなりたいと思い、見習いたくなります。そんな自分の気持ちを表現するのです。振り返ってみると、この習慣が自分にポジティブな影響を与えてくれることがたくさんありました。

自己アピールをしようとして自分のことばかり考えるのではなく、一緒に働く人々の働きぶりを気にかけて、感謝の気持ちを伝えてみてください。それが積み重なると、厚い信頼と評判が生まれるのです。

会社と社員の関係も恋愛に似ているのではないでしょうか？　適切なラインと緊張感を維持することができれば、健全な関係が長続きします。最も危険な失敗は、会社が人生のすべてになってしまうこと。「人生から会社を除いたら何も残らない」とか「今の仕事以外に自分の能力を生かせる場所はない」と、自分のすべてを会社に注ぎ込んでしまうことです。すると、ドロドロして恩着せがましくなりがち。「ここまでしてあげた私に、どうしてこんなことができるの」「私を何だと思ってるの」「うちの会社にあんな人がいるなんて」……こんな思考になりやすいのです。会社と自分の間に適度な距離と感情を保つことが大切です。そうすれば、不必要な感情の消耗や感情的な失敗を減らすことができます。

4

今の仕事が忙しくて、転職の準備をする暇がありません。どうすべきでしょうか？

うーん……時間がなくて何かができないというのは、ほとんどの場合、それが自分にとってそこまで重要ではないからなのです。転職の準備はすぐに会社を辞めるためのものではありません。自分のキャリアを管理して、成長を点検するものだと考えるといいでしょう。

ですから、準備は常にしておきたいものです。いざ転職するというタイミングになって一気に始めるのは大変です。いつでも準備ができている人は、目の前にやってきた転職のチャンスをすんなりつかむことができます。自分の時間の5％程度を使って、寄り道をしてみてください。ここでの寄り道とは、自己啓発をしたり、好きなことを勉強したり、異業種交流会に参加したりすることを意味します。

そして毎年12月がやってきたら、1年の成果を1～2行にまとめて履歴書に追加しましょう。履歴書はいつも最新バージョンにアップデートして、すぐに使えるようにしておかなくてはいけません。私は2年ごとに講演を行って自分の存在を外部に知らせたり、学んだことを整理したりしています。こうした経験を積み重ねていけば、無理なく、いつも準備が整った転職のプロになれることでしょう。

5 ワーク・ライフ・バランスをどんなふうに維持していますか？

ワーク・ライフ・バランスという言葉がなぜ生まれたのかを考えてみると、崩れたバランスを正すためではないかと思います。産業化時代に個人の犠牲と過重労働を強要する社会に対しての、自浄作用ではないかと思うのですが……。

つまりは「幸せな生活を送っているか？」というご質問ですよね。私は仕事とプライベートの両方で幸せを感じることが重要だと思います。「仕事がつまらないからプライベートでバランスを取ろう」というのははたして、一生働きながら生きていく私たちの人生に合った方法でしょうか？　仕事が楽しいと感じるのはとても重要なことです。そのためには、自分の好きな仕事をしなくてはいけません。

そして、自分が生きる時間全体という観点から見ると、勉強、友達、仕事、家族、健康などが人生の大きな割合を占める時期はそれぞれ異なります。ですから、今日という1日の時間をどう分配するかではなく、長期的なバランスを見たほうがいいでしょう。特に、最近はデジタルノマド時代と言われ、在宅勤務の形態も全世界に広がっています。昔のように仕事とプライベートをくっきり線引きするのではなく、調和させていくことが大切ではないでしょうか。自分を守り、幸せの質を高めることが何よりも重要です。

6

アメリカの大学や大学院の学位がなくても、グーグルに入社することは可能ですか？

はい、可能です。実例もたくさんあります。こんなふうに「○○は可能ですか？」と質問されることがよくありますが、私はこう聞き返します。

「可能じゃないなら、やらないいんですか？」

可能か可能でないかは重要ではありません。とにかくやってみればいいんです。実際にやるまで、どうなるかはわかりません。他の人ができたから自分にもできるというわけではないし、他の人にできなかったから自分にもできないというわけでもありません。

こんな質問が頭に浮かんだときは、自分を正当化する理由を探そうとしているのではないか、と見つめ直してみるべきです。可能かどうかではなく、自分にできることをしようと考えて実行するだけでいいのです。

7

新しいキャリアの方向性を定めるとき、いちばん怖かったことは？それを克服した方法は？

〝ダメでもともと〟マインド。

私はすごい人になりたいとか成功したいとか、お金をたくさん稼ぎたいという気持ちで行動することはありません。置かれた状況を受け入れて、おもしろそうに見えることがあればやってみるタイプ。やらずに後悔するよりはやってから後悔したいので、チャンスがあればなるべくいろいろなことに挑戦するようにしています。

基本的に自分の生活力を信頼していて、何であれ食いぶちは稼げるだろうと思っています。失うものがあると考えれば怖くなりますが、「失っても、どうってことない」と考えればそれほど怖くありません。ただ、私はそれなりに長く生きてきたのでこんなふうに思えますが、20~30代のときはやっぱり怖いですよね。自分にはどんなことができるのか、どのくらいやれる人なのかを知っていく時期ですから。それでも挑戦してほしいとお伝えしたいです。あれこれやってみれば自分のことがわかります。その結果、自分を守る力が身についていくのです。

8

仕事における最も大きな挫折は？それをどんなふうに克服しましたか？

当然、英語です。以前読んだ本の中に「(知識＋技術)×コミュニケーション＝力量」という公式が出てきたことがあります。どんなに専門知識が豊富で、優れた技術を持っていても、相手に伝えられなければ何の意味もないということです。このせいでほぼ毎日落ち込んで、くやしい思いをしました。結局のところ、心がけを変えて、地道な努力をする以外の答えはないようです。英語は母国語ではないから限界があると割り切って、英語にとらわれすぎないように気持ちをコントロールしています。英語だけがコミュニケーションのすべてではないし、業務にはさまざまな能力が必要ですから。自分の長所に目を向けて、それを引き立たせようと努力しています。

9

キャリアを積んだ今だからこそ「これをしていたらよかった」、逆に「しなければよかった」と思うことはありますか？

うーん、私はあまり過去を振り返らないタイプです。その都度、思考を整理して、やりたいことの中でできることはやりながら生きてきました。取り返しのつかないことはすぐに忘れて、次の仕事に集中しようと心がけています。だから、ひどく悔やんでいることはありません。ただ、図らずも誰かを傷つけたことがあったとしたら、その点は心残りです。仕事がうまくいくようにという一心で、感情を抑えられずにとっさに放った言葉が、結局は自分にはね返ってきます。キャリアにおいて人間関係というものがどれだけ重要か、時が経てば経つほど実感します。30歳に戻れるとしたら、大切な人をもっとたくさん作ると思います。

10

一日の中で、いつ文章を書いていますか？

いつでも気が向いたときに書き、地道に書き続けてきました。中学生の頃から日記をつけていましたが、当時は疾風怒濤の感情を吐き出す場所が必要だったのかもしれません。日記は自分自身に話しかけるように主に会話体で書くので、自分を客観視する訓練になったのではないかと思います。27歳で結婚と同時にアメリカに来てからは、韓国にいる家族と友達に近況を知らせるためにブログを書くようになりました。昔の投稿を読み返すと、まるで映画を観るように20代後半~30代初めの自分の姿がありありと目に浮かびます。

私にとって「書くこと」は思考を整理して、自分と向き合い、人とコミュニケーションする手段です。文を書かないと考えがまとまらず、頭がこんがらがってしまいます。憂うつ感や気分の落ち込みを感じるのはしばらく書き物をしていないときでした。そんなときは、すぐに何か書くようにしています。そして自分に正直になろうと努めます。素顔の自分と頻繁に向き合わなくてはいけません。それでこそ「本当の自分」を愛せるようになるのです。

キム・ウンジュ　Kim Eun-Joo
（米グーグル・首席ＵＸデザイナー）

「とりあえず飛び込めば、何とかする力が身につく」をモットーに、25年間で10回の転職に成功したグローバルサラリーマン。名もなき一社員として生きていたが、サムスン電子勤務時代にデザインした円形スマートウォッチがヒット。社会人20年目にして、業界注目の人物として脚光を浴びる。現在は、グーグル本社の中枢部署である「検索とアシスタント（Search & Assistant）」チームに首席デザイナーとして勤務。

大学卒業後、**デジタル朝鮮日報**と**ＣＪ**でウェブデザイナーとして3年間勤務。そんな中、アメリカの大学院に合格した夫に帯同することになり、何の準備もなく渡米する。話せる英語は「Excuse me」「Thank you」「I'm sorry」程度という状態でスタートしたアメリカ生活は、思っていた以上に過酷だった。就職するには大学院に進学しなければならないが、英語試験の点数がまったく足りない。大学院に願書を提出した後、できることは何でもやってみようという気持ちで教授のもとを訪ね、自らの存在を知らせた。こうした努力の甲斐あって、最も行きたかったデザインの名門校、イリノイ工科大学（ＩＩＴ）のデザイン大学院に合格する。（54頁参照）

大学院修了後の就職活動では、英語での面接に苦戦し、エントリーした企業に立て続けに落ちてしまう。やっとのことでブラックウェルというコンサルティング会社から採用通知をもらい、派遣先の大手保険会社**ステートファーム保険**で２年間働くが（２５９頁参照）、自分に合う仕事ではなかった。もっと楽しく、長く続けられる仕事を探すために転職を決意。大学院時代に採用面接を受けて落ちたことのある**モトローラ**に再挑戦し（２６０頁参照）、合格した。

モトローラに３年間勤務し、レイザーフォンのヒットを経験。その後、**クアルコム**に転職して、アプリ開発プラットホームとＡＲ（拡張現実）デザインのプロジェクトを手がける。

２０１３年、韓国に戻って**サムスン電子**で円形スマートウォッチ開発を主導。スマートウォッチは海外メディアから「アップルより優雅なインターフェース」という評価を受けた。イギリスのウェアラブル・メディア・グループが運営するウェブサイトで「ウェアラブル技術とVRを率いる18人の女性リーダー２０１６」に選ばれたほか、「ウェアラブル・ゲームチェンジャー50選」、デザインを手がけたGear S2 UXは米国のデザイン賞「ＩＤＥＡ賞２０１６」でブロンズ賞を受賞。人生で初めて主人公としてスポットライトを浴びた。

ところが、アメリカ・シリコンバレーの**グーグル**本社に入社した２０１８年、サラリーマン人生最大の危機が到来。世界最高の人材に囲まれて働くうちに、劣等感と無気力症候群に苛まれ、最悪のスランプに陥った。苦しみの中で必死に１日１日を耐え抜く生活が1年間続いた。（19頁参照）

身近な人々のサポートによって自信を取り戻してから、チームメンバーに「井の中の蛙」というタイトルのコラムをメールで一斉送信。人間の存在価値は、業務能力や評価によって決まるわけではないという素直な思いをしたためた文章だった。このコラムは会社のさまざまなグループに拡散され、多くの人々が自分も蛙なのだとカミングアウトをした。賢くて優秀に見えた彼らも、ひそかに自分自身と戦っていたのだ。（24頁参照）

この一件によって、自分が書いた文章が誰かにとってなぐさめになり、役立つことがあるのだと知った。その後、グーグルに順調に適応し、2020年には「今年のデザイナー賞」を受賞。これをきっかけに、講演やSNSで25年間の失敗談と成功談を語り、さまざまな人々とコミュニケーションを取るようになった。

特に、30歳前後の人々からの反響が大きかった。同じ悩みを経験してきた著者は、彼らに応援と癒しを届けたいと切に願っている。30歳を自分らしく生き抜けば、40歳になったとき、より頼もしくなった本当の自分に出会えるという。

30歳の人々が彼女の言葉に励まされると同時に、彼女もまた、明るく希望に満ちた彼らの反応から大きなパワーをもらっている。一等賞ではなく完走を目標に25年を駆け抜けてきた彼女は、今日も英語恐怖症と戦いながら、これからの25年に向けて準備を進めている。

訳者プロフィール

藤田麗子　Reiko Fujita

韓日翻訳者・ライター。福岡県生まれ。中央大学文学部社会学科卒業。訳書にクォン・ナミ著『ひとりだから楽しい仕事：日本と韓国、ふたつの言語を生きる翻訳家の生活』（平凡社）、チョン・ドオン著『こころの葛藤はすべて私の味方だ。「本当の自分」を見つけて癒すフロイトの教え』、クルベウ著『大丈夫じゃないのに大丈夫なふりをした』（共にダイヤモンド社）、ジョン・センムル著『私は今日も私を信じる〜「自分だけの魅力」の磨き方』（大和書房）、パク・ジョンジュン著『Ａｍａｚｏｎで12年間働いた僕が学んだ未来の仕事術』（ＰＨＰ研究所）等がある。

装丁　西垂水 敦・市川さつき(krran)
本文デザイン　沢田幸平(happeace)
DTP　茂呂田 剛(M&K)
校正　文字工房燦光

世界最高の人材たちと働きながら学んだ
自分らしく成功する思考法
悩みの多い30歳へ。

2023年4月6日　初版発行

著者　キム・ウンジュ
訳者　藤田麗子
発行者　菅沼博道
発行所　株式会社CCCメディアハウス
〒141-8205　東京都品川区上大崎3丁目1番1号
電話　03-5436-5721(販売)
03-5436-5735(編集)
http://books.cccmh.co.jp
印刷・製本　株式会社KPSプロダクツ

ISBN978-4-484-22237-0